世界のまずしい人のくらしを知るデータいろいろ

1日1.25ドル以下《いか》で生活している世界の人の数

……約12億人《おくにん》

世界のまずしい人の数

……約22億人

(2014年現在《げんざい》)

5歳《さい》になる前に亡《な》くなる子どもの数

……1年間に約630万人

亡くなる主な原因《げんいん》

……肺炎《はいえん》、げり、マラリア

(2013年現在)

児童労働《じどうろうどう》をしている子どもの数

…約1億6800万人

(2013年現在)

撮影場所：インド

インドネシア

危険《きけん》な場所やきたない場所につくられたまずしい人の家。（16ページ）

ネパール

よごれた水を生活につかうため、病気になる子どもも多くいます。(50ページ)

インド

お金をかせぐために、物ごいをする女の子。(80ページ)

インド

まずしい人の食事も、なるべくおいしくしようとくふうされています。(101ページ)

インド

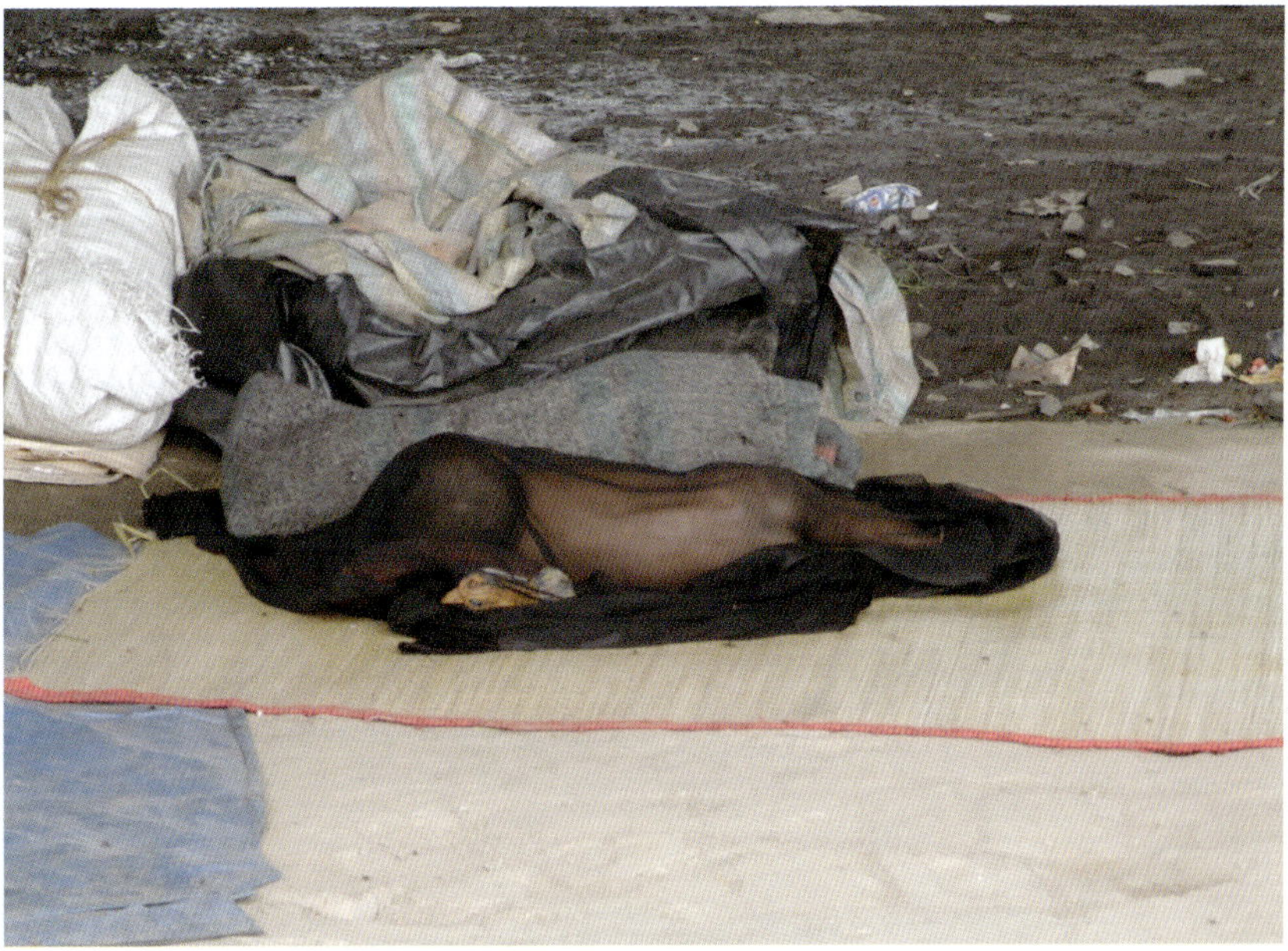

蚊《か》に刺《さ》されないように、布《ぬの》をまきつけてねむる子ども。(111ページ)

フィリピン

どれだけ生活がたいへんでも、子どもたちは楽しさを見つけます。(118ページ)

ちしきのもり

幸せとまずしさの教室

～世界の子どものくらしから～

石井光太

少年写真新聞社

もくじ

＜この本に登場する人物＞

石井光太さん

……世界の多くのまずしい国を訪《おとず》れた作家。「幸せとまずしさの教室」という授業《じゅぎょう》で、まずしい国の子どもたちはどのようにくらしているのかを教えてくれます。

しゅう君
明美さん
満《みつる》君
みどり子さん
麦さん
勇《ゆう》人《と》君
れい香《か》さん

……授業を受ける日本の子どもたち。

朝の会　世界の三分の一の人はまずしい

朝の会をはじめます。今日は一日「幸せとまずしさの教室」と題して、世界の君たちとおなじぐらいの年の子どもたちのくらしを見ていきたいと思います。

授業《じゅぎょう》で見ていくのは、日本人がなかなか知ることのない、まずしい国の子どもたちの生活についてです。

今、世界には約《やく》七十二億《おくにん》人の人が住んでいるといわれていますが、そのうち約二十二億人、三人に一人ぐらいがまずしいくらしをしているといわれています。

家がない、ご飯《はん》が食べられない、トイレがない、学校へ行けずに働《はたら》かなければならない、といった生活をさせられているのです。

みんなもテレビや本でそうした人たちを見たことがあるでしょう。栄養《えいよう》が足りずにおなかがふくれてしまっているようなすがたも知っているでしょう。とてもかわいそうですよね。

でも、みんなはそうした子どもたちが、どういうところに幸せを見つけているか知っていますか?

たとえばかれらがどういう遊びをしているか知っている人はいるかな。いたら、ちょっと手をあげてみて?

しゅう君「わかんない。外国行ったことないもん」

明美さん「テレビでやっているけど、遊んでるところとか知らないなあ」

そうだよね、テレビや本の中では悲しいところばかりがうつしだされていますよね。

でも、家がなくて道ばたでねむっている子どもたちだって友だちはいます。

ご飯を食べられない子どもたちだって空き地でサッカーをしています。

● 1日1.25ドル以下《いか》でくらす人の数……約12億人

● 世界のまずしい人の数…………………約22億人

(国連開発計画調べ 2014年現在)

朝から晩《ばん》まで道で働《はたら》いている子どもだってガールフレンドやボーイフレンドがいます。

ぼくは、ふだんは作家という仕事をしています。世界中を飛《と》び回って、まずしい国や戦争《せんそう》をしている国の人たちの生活を調べて本を書いているのです。だから、いろんな子どもたちの生活を見てきました。

人は悲しいことだけでは生きていけません。悲しいことの中にも幸せを見つけるからこそ生きていけるのです。

では、かれらはどういうくらしをして、何を楽しみにして生きているのでしょうか。

今日は一日かけて、この教室でみなさんとそのことについてじっくりと考えてみたいと思います。

一時間目　住まい

1　スラムって何？

一時間目に見ていくのは、世界のまずしい人たちがどこで、どのようにくらしているのかということです。

みなさんは「スラム」という言葉を聞いたことがありますか？　日本語で言えば、「貧民街《ひんみんがい》」ということです。つまり、まずしい人だけがくらしている地区という意味です。

まずしい国の都市には、たいていスラムとよばれる地区があります。本当にお金がない人は家を買ったり、アパートを借《か》りたりするお金もありませんよね。

だけど、暑い国や寒い国でホームレス生活はできません。そこでかれらは材木などをひろい集めてきて、空いている土地に勝手に家を建《た》てています。

そうした家が何千、何万と集まって町になったところをスラムというのです。東京にたとえれば、ひとつの市や区全体がホームレスの人たちが建てた家でうめつくされて町になってしまっているイメージです。

ここでみなさんに質問《しつもん》をしたいと思います。日本にはスラムはありますか？

満君《みつる》「ないと思います。大きな家とか小さなアパートとかあるけど、スラムなんて聞いたことない。うち、べつに金持ちじゃないけど、駅前に住んでるし」

そうだね。日本にも格差《かくさ》、つまり貧富《ひんぷ》の差はあります。けど、一つの町でお金持ちのくらす地区とそうでない地区というふうにはっきりとわかれていることはありません。

このクラスにもお金持ちのおうちとそうでないおうちはあると思いますが、みんな同じ町にくらして同じ学校へ通っていますよね。

それは格差《かくさ》はあるけど、そこまで大きくないということなんです。だけど外国はその格差がすごく大きい。そして圧倒的《あっとうてき》にまずしい人が多い。だから、そういうことが起きてしまうんです。

スラムで生活する人たちの多くは、地方からやってきます。日本でも都市と地方の格差が大きいっていうことはよく言われますよね。

みどり子さん「うちの田舎《いなか》のおじいちゃんとおばあちゃんが、畑仕事はもうからないって言ってやめちゃいました」

そう、それは海外でも同じなんです。地方には会社が少ないので仕事がなかなかないし、畑仕事は十分な生活ができるほどもうかりません。

みどり子さんのおじいさんとおばあさんは、畑仕事をやめて何をしているのかな?

みどり子さん「お母さんが『年金で生活してる』って言ってました。だからうちのお父さんも少し生活費《せいかつひ》を送ってるみたいです」

日本には、お年寄《としよ》りには年金という制度《せいど》があったり、働《はたら》けない人のために生活保護《ほご》といった制度があったりします。国が生活にこまっている人たちを助けてあげるんです。

でも、まずしい国の政府《せいふ》はお金がないので、そうした形で国民《こくみん》を守ってあげることができません。それで地方にくらしている人たちは、おたがいに支《ささ》え合ってギリギリの生活をしているんです。

こういうくらしをしているところに、台風が来て畑がめちゃくちゃになってしまったり、戦争《せんそう》が起こって数少ない仕事がすべてなくなってしまったらどうでしょう？

あるいは機械《きかい》やロボットがつかわれるようになって、それまで人が手作業でやっていた仕事がなくなってしまったら？

それまでギリギリの生活をしていた人たちは地方で生きていけなくなっちゃいますよね。だけど、政府はその人たちを助けてはくれません。

それで人びとは住んでいたところをすてて、仕事を求めて都市に行きます。地方にはなくても、都市なら何か仕事があるんじゃないかって。

こうしてかれらが家をつくって、それがたくさん集まったのがスラムになるんです。

2 スラムができる場所

次に、スラムができる場所について見ていきたいと思います。

地方から都市にやってきた人たちは、お金がないので家を建《た》てたり、アパートを借《か》りたりすることができません。

でも、一家で出てきていますから小さな赤ちゃんもいれば、年をとったおじいちゃんもいます。暑い国ならば熱中症《ねっちゅうしょう》になってしまいますし、寒い国ならこごえてしまいます。

スラムができる場所

かれらはそれをふせぐために空き地に家を建《た》てます。木材《もくざい》などを町からひろい集めて、簡単《かんたん》な小屋のような家をつくってしまうのです。

とはいえ、どこでも勝手に建てるわけにはいきません。たとえば他人の土地などがそうですよね。みんなの家の庭に地方からまずしい家族がやってきて、勝手に家を建てて住みついたらどうしますか。

しゅう君「お父さんが怒《おこ》って警察に電話して追い出してもらう！」

そのとおりだね。これはまずしい国でも同じです。いきなり自分の土地に人が家を建てたら迷惑《めいわく》だと思うし、警察に知らせて追いはらってもらいます。

じゃあ、ここで逆《ぎゃく》の質問《しつもん》です。地方からやってきたまずしい人たちは、どういうところに家を建てると思いますか？

満君《みつる》「だれにも怒られない場所！」

そうだね。だれも住んでいなくて家を建てても怒られにくい場所をえらぶんです。

その一つが「危険《きけん》な場所」です。危険な場所には、だれも住んでいません。だから家を建てたとしても、怒られることはありません。

たとえば、電車の線路のそばは、電車がものすごく速いスピードで通るので危険ですよね。日本だって立ち入りが禁止《きんし》されています。海外でも危険なので、だれも近づきたいとは思わない。でも、まずしい人たちはそれをいいことに、自分の家を建てるのです。

下の写真を見てください。

インドネシアのレールぞいにあるスラム。数十分おきに電車が通ります。

電車のレールのわきに、たくさんの家が建《た》っています。レールのまわりに、あたかも町のようなスラムができあがってしまうのです。

同じように危険《きけん》な土地ですと、雨がふると水があふれるような川だったり、土砂《どしゃ》くずれの多い崖《がけ》だったり、高波がくる浜辺《はまべ》だったりがあります。そうしたところに、スラムができあがるのです。

ほかには、「きたない場所」があります。

たとえば、ゴミの収集所《しゅうしゅうじょ》のようなところがありますね。町中のゴミを集めるような場所です。

こういうところはすごくくさいし、ハエや虫などもたくさん集まってきています。だれも近寄《ちかよ》りたくない。

だからこそ、まずしい人たちが家を建《た》てるにはうってつけなのです。左のページの写真なんかまさにそれですね。ゴミの山の中に家が建っているようなものです。

あるいは、「住みにくい場所」というのもあります。町からかなり距離《きょり》のある砂漠《さばく》や荒野《こうや》。急な丘《おか》や山などもそうです。

まずしい人たちは、そういうところに家を建てます。次のページの写真を見てください。

丘にへばりつくように家がたくさんありますね。

これはコロンビアという国のスラムなんですが、実は町はふもとのところにあるだけだったんです。でも、そのまわりの崖《がけ》に次つぎとまずしい人たちが家を建てたことによって、これだけ大きなものになったのです。

インドネシアのゴミにかこまれた家。

コロンビアの丘《おか》につくられたたくさんの家。

こう見ていくと、まずしい人たちが町にやってきて家を建《た》てるといっても、決していいことばかりではないことがわかりますよね。

電車の事故《じこ》にあうこともあるでしょうし、ゴミのばい菌《きん》で体を壊《こわ》してしまうこともあるでしょう。丘の上であれば、町までいくのも一苦労《ひとくろう》です。

でもね、住んでいる人たちは意外なほどたくましいんです。

丘に住んでいることを利用《りよう》して自分たちでソリをつくってすべりおりて遊んだり、川のそばに住んでいるのを利用して釣《つ》りをしてご飯《はん》をつくったりするんですよ。

次のページの写真がそれですね。

子どもたちが網《あみ》を持っていますね。だけど、これは魚もすめないほどきたないどぶ川なんです。

では、何をしているのでしょう? 実は流れてくるゴミを網ですくって「お宝《たから》」をさがしているのです。

川に落ちているものを網《あみ》でひろう子どもたち。

流れてくるものの多くはゴミなんですが、時どき高価《こうか》な品物が流れてくるんです。たとえばネックレスが流れてきたり、指輪《ゆびわ》が流れてきたり。子どもたちはどぶ川のまわりに住んでいることをいいことに、毎日こうやって宝《たから》さがしをやって、お宝を手に入れるとみんなでバスケットボールを買って遊んだり、ごちそうを食べに行ったりするんです。中にはものすごく高価なものをひろって家を建《た》てたなんていう人もいるほどです。

住んでいる環境《かんきょう》は決していいとはいえませんが、それを逆手《さかて》にとって遊びに変《か》えてしまったり、お金にかえてしまったりするところに人間の強さみたいなものがあるのです。

3 バラック

スラムにはたくさんの家が建《た》っています。次に考えていきたいのは、この家についてです。

こうした家は通常《つうじょう》「バラック」とよばれています。家というより小屋のようなイメージですね。

まずそのバラックがどんなものかを見てみましょう。下の写真です。

勇人《ゆうと》君「けっこう立派《りっぱ》ですね。これ、自分たちでつくっちゃうんですか」

そうだね。まずしい人は建築《けんちく》の仕事をしたことがあったりもするの

ベニヤ板でつくったバラック。2階建てになっています。

で、簡単《かんたん》にこれぐらいの家を建ててしまうんですよ。

ぼくも一度家をつくっているところを見たことがあります。小さな子どもが五人いる家庭でね、お父さんと上のお兄ちゃんたちが手伝《てつだ》って三日ぐらいでささっと建ててしまいました。

小さな子どもがものすごくよろこんで、「家ができた！　家ができた！」って飛《と》びはねていました。秘密基地《ひみつきち》をつくるみたいな気持ちでおもしろかったんでしょうね。

実は、国によって家の形はすこしずつちがうんです。写真を二枚《まい》お見せしましょう。

次のページの写真が東南アジアにあるインドネシアのスラムです。

インドネシアは、一年中夏のように暑い国です。なので、できるだけ家も空気が通ってすずしくなるように簡単《かんたん》につくられるのです。

また本当に暑い夜なんかは、外でねる人も多いですね。地べたに布《ぬの》を一枚しいてベッドにしてねむったり、バラックの屋根でねむったりするのです。

また、おどろくようなバラックもあります。左ページの写真は、バングラデシュという国にあるバラックです。

地面にそのまま家を建《た》てるのではなく、長い柱の上につくっていますね。なんでこういう形にしているのかというと、天候《てんこう》が関係《かんけい》しているのです。

バングラデシュは雨期にはものす

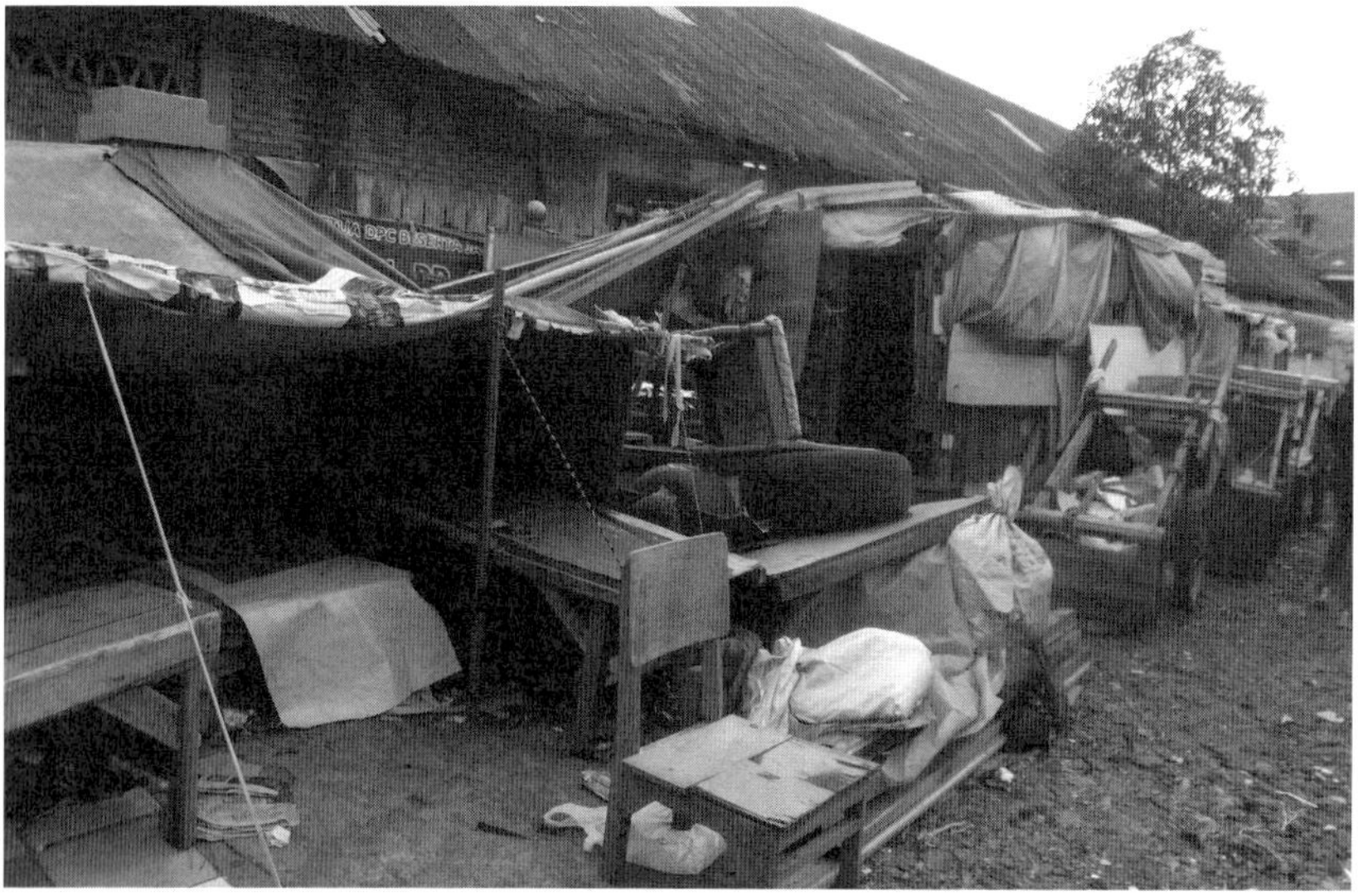

インドネシアは暑い国なので、風通しがよくなるようにドアが開いています。

ごくたくさん雨がふって、土地の多くが水でつかってしまいます。なので、人びとは雨期にも洪水《こうずい》で家が流されないように、高い柱の上に家を建てるのです。

麦さん「こんな場所に住んでいたら危険《きけん》じゃないんですか」

もちろん、落ちたら大けがをしてしまいます。でも、逆《ぎゃく》に言えば、こういうところで生まれ育っているので、子どもたちはすごく運動神経《しんけい》がよくなるんです。

こういう家で子どもたちが遊ぼう

たくさんの柱の上にバラックが乗っかるように建てられています。

ひろってきた自転車を直して四人乗りをする子どもたち。

としたら、まずこの柱を登ったり下りたりします。そうするととにかく木登りが上手になる。

子どもたちはやがてヤシの木に登って実《み》を取ったり、バナナの木に登ってバナナを房《ふさ》ごと取ったりするようになります。バラックの環境《かんきょう》を利用《りよう》して、それぞれ遊びや得意技《とくいわざ》をつくりだしていくんです。

あるいは、子どもの時から家族で家をつくっていますので、十歳《じっさい》ぐらいになればたいてい好《す》きなものをつくれるようになります。

子どもたちの中には大きな木の上に、自分だけの秘密《ひみつ》の家をつくって友だちとくらすような子もいます。あるいは、町からひろってきた材料《ざいりょう》で木の枝《えだ》にブランコをつくって遊んでいる子どもたちもいます。

自分たちで家をつくるのは、たしかにたいへんです。でも、逆《ぎゃく》に言えば、小さなころからそうした技術《ぎじゅつ》を身につけられるということです。

そうした技術でもって子どもたちは遊びをつくりだしていくのです。

満《みつる》君「すっごい楽しそう。そうやって遊べる場所がここらへんにもたくさんあればいいなー」

勇人《ゆうと》君「だけど、スラムにくらしていたら、ほかの人たちに差別《さべつ》されないんですか？　うちのおばあちゃんから、昔は日本にもまずしい人たちがくらす町があって差別されてたって聞いたことあります」

これはとてもむずかしい問題ですね。

もちろん、スラムのような町があるのはいいことではありません。生活はたいへんですし、危険《きけん》もたくさんあります。

ただ、都市の半分以上《いじょう》の人たちがスラムにくらすまずしい人たちだったりすると、その中に住んでいるかぎりは「まずしい」ということで差別を受けることはありません。

もし日本にスラムがあれば、おそらく差別されるでしょう。それはまずしい人たちが少なかったり、まずしい人たちがお金持ちの人たちといっしょにくらしたりしているからです。だからお金持ちの人たちが差別をするのです。でも、まずしい国のスラムでは全員がまずしいので、お金がないということで差別されることがないのです。そもそも人びとが自分のことをまずしいと思っていなかったりします。まずしいという考え方自体がなかったりするのです。そういう意味では、まずしさということにおいては日本より差別が少なかったりします。

アフリカのガーナという国から来た人がこんなことを言っていました。

「ガーナにいた時は、自分がびんぼうだと思ったことがなかった。でも、外国人に出会ってお金持ちがいるとか、豊《ゆた》かな生活があるって知ってはじめて自分がびんぼうなんだってわかった」

豊かさを知るということが、まずしさを知るということにつながってしまう。つまり、豊かさを知るという不幸《ふこう》もあるのです。

二時間目　生活の方法《ほうほう》

1　水とともに

二時間目は、スラムの中で、子どもたちがどのようにくらしているのかを見ていきたいと思います。

バラックは空き地に素人《しろうと》が建《た》てた家ですので、一部屋か二部屋しかありません。そこに家具から食器までが置《お》かれていて、夜になれば一家全員がいっしょにねることになります。

でもそんなに広くないので、子どもたちは体を横向きにしてぎゅうぎゅうでねるか、それでもすき間がなければハンモックを天井《てんじょう》から下げてきょうだい二、三人で抱《だ》き合ってねるかします。さらにそれでもダメだと屋根の上に布《ぬの》をしいて横になるのです。

今の日本では、子どもたちは子ども部屋をもらって生活していることが多いので、みなさんは「たいへんそうだなー」と思うかもしれませんね。

でも、スラムの子どもたちはそれはそれとして当たり前のことと思って楽しんでいます。

ぼくもバラックで大家族といっしょにねたことがあるのですが、夜おそくまできょうだいで笑《わら》い話をしたり、天井に開いた穴《あな》から星をながめたり、お母さんやおねえちゃんがねむりにつくまで歌をうたってくれたりするのです。

ある家ではみんなねるまで歌をうたっていました。流行の歌をみんなで星空を見上げながらうたう。一人また一人とねむっていくと声が消えていきます。そして、みんながねむるとしーんとする。

広い家で自分の部屋を持ってくらすのもいいでしょう。でも、みんなで肩《かた》をならべてねるからこその楽しさもあります。

バラックにくらす子どもたちは、そうした楽しさをできるかぎり楽しもうとしているように見えました。

まずしい国の子どもたちは、日本の子どものようにならいごとをしたりすることはありません。テレビもありませんし、学校へ行かずに働《はたら》いている子どももたくさんいます。

だけど、かれらはそういう夜の時間からたくさんのことを学ぶのです。

日本で君たちがテレビで聞いておぼえる歌を、かれらはおねえさんから教わる。あるいは君たちが学校で勉強する星の話を、かれら

せまいバラックにも楽しみがあります。

はお母さんから教わる。家族が、スラムの子どもたちにとっての学校なのです。

さて、では、バラックに住んでいる人たちは、毎日どのような生活をしているのでしょうか。

かれらが行うのは洗《せん》たく、料理《りょうり》、お風呂《ふろ》、トイレなど、基本的《きほんてき》にはわたしたちと変《か》わらない生活です。でも、これらをするには、一つ共通するものが必要《ひつよう》になりますね。人間にとっては絶対《ぜったい》になければならないものです。何かわかりますか。

勇人《ゆうと》君「水ですか」

その通り。人間が生活する上で水は欠かせないものなのです。

一時間目の授業では、スラムはだれからも注意されないところにできるということを学びました。でも、実はもう一つ条件《じょうけん》があって、それが水がある場所というものなのです。

スラムには、まず水道管《すいどうかん》が通っていません。だから、水を自由につかうことのできる川や池や湖、それに海の近くにくらすことが多いのです。

そういうと、みなさんはスラムのほとりに小さな川があるようなイメージを持つかもしれませんね。でも、中には「じゃあ、水の上に住んじゃえ！」と思いきった発想をする人たちもいるのです。

そうしてできあがったのが「水上スラム」というところです。川や湖の底に長いクイを刺《さ》して、その上にバラックを建《た》ててしまうのです。

下の写真はインドネシアの大きな

湖にクイを立てて、その上に木造《もくぞう》のバラックをつくります。

湖にある「水上スラム」です。かれらにしてみれば、水の上に住んでしまえば、洗《せん》たくや飲み水にこまることがないのでとても楽。じゃあ、そこに家を建てちゃおう。そういう発想なんです。

あるいは、海の上につくられたスラムなんていうものもあります。ナイジェリアという国にはマココという海の上のスラムがあって、そこにはなんと二十万人もの人がくらしているといわれています。

では、彼らはそばにある川や湖とともにどのようにくらしているのでしょうか。まず洗たくについてですが、下の写真を見てください。

小学校の低学年《ていがくねん》ぐらいのきょうだ

インドの川で洗たくをするきょうだい。

いが川辺《かわべ》で洗《せん》たくをしていますよね。

スラムの人たちも、できるだけきれいな服を着たいと思います。だから、毎日お母さんが洗たく物を川や池へ持っていって、石けんできちんとよごれを取るのです。

こんなきたない水で洗《あら》ってもきれいになるの？　と思うかもしれませんね。だいじょうぶなんです。石けんをつかえば、服についたよごれは取れます。その上であまりに水がきたなければ、すすぐ時だけ井戸水などのきれいな水をつかえばいいのです。

また、川や湖は洗たくをする場所のほかに、体を洗うお風呂《ふろ》としてもつかわれます。左の写真を見ると、子どもたちがお風呂代わりにして体を洗っているのがわかるでしょう。

子どもたちは母親の洗たくを手伝ったり、水遊びをしたついでに、その水で体を洗ったりしているのです。

ちなみに、こうした子どもたちにとって川や湖は一番の遊びの場でもあります。

　アフリカのタンザニアの湖で出会った子どもは、ゴミ箱から発泡《はっぽう》スチロールをひろってきて袋《ふくろ》につめて小さなボートをつくり、それに乗って船遊びをしていました。時には、釣《つ》り糸をたらしてそこで魚をつかまえます。べつの子どもは、木でヤリをつくって、湖にもぐっては魚を刺《さ》してつかまえていました。

　日本では子どもはおなかがすけば

インドの川で水あびや洗たくをする家族。うがいもここでします。

コンビニエンスストアでおかしを買って食べればいいのですが、かれらはお金がないので買うことができません。だから、自分たちで魚をとっておやつにしたり、晩《ばん》ご飯《はん》のおかずとしてお母さんにわたしたりするのです。

子どもたちの中には、「魚とりの名人」とよばれるような子がいます。毎日何十匹《なんじゅっぴき》もとるので家では食べきれません。そこで体の悪いスラムの老人にあげたり、お父さんが病気の家庭にわけてあげたりするのです。

スラムでの生活はこういう助け合いで成《な》り立っています。「魚とりの名人」は多くの人から尊敬《そんけい》され、やがてスラムのリーダーとなっていくのです。

2　水の危険《きけん》

ここまでスラムの子どもたちが川や湖の水とともにくらしている様子を見てきました。

子どもたちが水とともに生きる理由はこれだけではありません。きたないものを流すという意味もあるのです。その一つが「トイレ」です。日本には水洗《すいせん》トイレがあって、ボタンを押《お》せば、水が流れてきてトイレがきれいになります。

でも、トイレがなければどうでしょう？　道にするしかなく、おしっこやうんちでそこらじゅうよごれてしまいます。だからこそ、子どもたちは川などを利用《りよう》するのです。

下の写真の光景《こうけい》は、まさにその最《さい》

流れる川で、石の上で用を足します。うんちやおしっこはそのまま流れます。

中《ちゅう》ですね。

この川のそばのスラムにはトイレがありません。なので、人びとは川の岩にしゃがんで用を足すのです。そうすれば、おしっこやうんちは下流の方へ流れていきます。

湖でも同じです。湖は川ほど水の流れは速くありませんが、しずんで見えなくなります。

なので、川辺《かわべ》や水上にバラックを建《た》てている家族は、小さなトイレもつくります。

下の写真のバラックの手前にある

手前の小さな小屋がトイレ。床《ゆか》に四角い穴《あな》が開いていて、そこで用を足します。

小屋のようなものがトイレですね。このトイレには水洗《すいせん》の機能《きのう》はありません。そのまま湖に流すだけです。

このトイレ、よく考えられているんです。

ぼくもこのトイレで用を足したことがあるのですが、穴の下には湖の水面が見えていて、たくさんの小さな魚が泳いでいます。そこにうんちを落とすと、魚たちがいっぺんに集まってきて食べてくれるんです。

ぼくは「すごいエコなトイレだな」なんて思いましたけどね。

しゅう君「先生、魚がいない場合はどうするんですか？　うんちはそのまま浮《う》いているんですか」

しゅう君、いいところに目をつけましたね。たしかに魚が少なかったり、うんちを食べてくれなかったりすることがあります。

でもだいじょうぶなんです。水にはバクテリアという生き物がいて、それがうんちを処理《しょり》してくれるんです。

みんなは、この教室で金魚や熱帯魚《ねったいぎょ》をかっていますよね。魚も水の中でうんちをします。そのままだったら水槽《すいそう》はうんちでいっぱいになっちゃいますが、なっていませんね？

なぜならないのでしょうか。実は、水槽の中にバクテリアという目に見えない小さな生き物がいて、それがうんちを分解《ぶんかい》してくれているんです。ゴミも同じように分解してくれます。だから、水がきれいなままにたもたれるのです。

これは川や湖でも同じです。人間がうんちをしても、たくさんバクテリアがいれば、それをきちんと分解して水をきれいにしてくれる。バクテリアというときたないイメージがあるかもしれませんが、実は水をきれいにしてくれるものなんです。

でも、いいことばかりでもありません。実はこうしたおしっこやうんちの問題が最近《さいきん》とても大きくなってきているのです。

川や湖にはバクテリアがいて、水をきれいにしてくれるといいましたよね。だけど、最近はスラムの人たちが洗剤《せんざい》をつかって洋服を洗《あら》うので、その洗剤によって水の中のバクテリアが死んでしまっているのです。それによって、水がきれいにならないといったことが起きています。

また、まずしい人たちが増《ふ》えてしまい、川や湖におおぜいの人たちが用を足すことでバクテリアが水をきれいにできないということが起きています。

みなさんもそうですが、いくらごちそうであっても、次から次にトラックで運ばれてきたら食べきれませんよね。

バクテリアも、同じでたくさんのうんちやおしっこが流されてしまうと、それを分解しきれなくなってしまうのです。

この結果《けっか》、どういうことが起こるのでしょうか。

みどり子さん　「水がにごってきたなくなっちゃう」

そうですね。水がどんどんきたなくなってしまうのです。

これはスラムの子どもたちの健康《けんこう》に問題を起こします。はじめに、スラムの子どもたちは川や湖で洗《せん》たくをしたり、魚をとって遊んだりするって話しましたよね。

スラムにくらす人たちも水の問題にはとても気をつけています。だから川の水を飲む時は、一度ふっとうさせてばい菌《きん》を殺《ころ》してから飲みます。

だけど、すべての水を一度ふっとうさせることなんてできません。野菜《やさい》やコップを洗《あら》う時にそのままにしたり、水遊びをする時に口に水が入ってしまったりすることはよくあります。

実は、それが危険《きけん》なのです。

水にふくまれるばい菌が、子どもたちの体に入って病気を引き起こしてしまうのです。中学生、高校生ぐらいの子どもであれば、体もだいぶできあがっていますので、病気になっても自分の力で治《なお》すことができます。

けれど、赤ちゃんや小さな子どもはそういきません。野菜についたばい菌によってはげしいげりになって、そのまま亡《な》くなってしまうということがあるのです。あるいは、粉《こな》ミルクをとかしている水に入っていたばい菌によって死んでしまうことがあります。

れい香《か》さん「でも、日本ではじゃぐちをひねれば水道からきれいな水が出てきますよね。外国にはないんですか？」

水道からきれいな水が出てくる国は世界でも少ないんです。

今、世界で六億人《おくにん》以上《いじょう》の人たちがきたない水の危険にさらされて、一日あたり千人近くの子どもたちがげりが原因《げんいん》で死亡《しぼう》しているといわれています。

● 世界で安全できれいな水をつかえない人の数
……約《やく》６億6300万人

● 世界でトイレをつかえない生活をしている人の数
……約24億人

（ユニセフ調べ 2015年発表）

水は、スラムの子どもたちに魚とりなどをする「遊び場」を提供《ていきょう》します。子どもは水との生活の中に幸せを見いだすといってもいいでしょう。しかし、人間のつごうでその水が敵《てき》になってしまうこともあります。子どもたちの命をうばってしまうのです。

人間は、水とどうやってつきあっていけばいいのか。とても大きな問題なのです。

3　病気

みなさんは、病気になったり、けがをしたりしたことはありますよね。そんな時は病院へ行くと思います。最近《さいきん》病院へ行った人はいるかな？

勇人《ゆうと》君「はい、サッカークラブで足をねんざして病院に行きました」

麦さん「わたしも、おとといむし歯で歯医者に行きました」

みんな、何かしらの形で病院へは行ったことがあるよね。そうでなくても、薬ぐらいは飲んだことがあると思います。

日本では子どもは無料《むりょう》で治療《ちりょう》を受けられますから、お金がなくて行けないということもありません。それはお父さんやお母さんが、保険《ほけん》といって毎月お金をはらっているからなのです。

けど、まずしい国では保険の制度《せいど》がないので、治療や薬の値段《ねだん》がものすごく高くなっていて、まずしい人は病院へ行けません。また、病院へ行くまでのバス代や電車代がなかったりするのです。

そうすると、人びとは自分たちで治療をすることになります。たとえば、次のページの写真を見てください。これ、なんだかわかりますか?

明美さん「漢方薬? うちのおばあちゃんが、こういう草みたいなの飲んでる」

そうですね、薬草をつかった薬なんです。

みんなが病院でもらう薬はいろんな成分《せいぶん》を科学的《かがくてき》にまぜてつくったものです。だけど、自然《しぜん》の中にも、痛《いた》みをやわらげたり、胃《い》の調子をよくしたりする成分がふくまれている草があります。そうした草をまぜて薬草をつくり、薬の代わりにしているのです。

しゅう君「動物も草を食べますけど、あれも薬草なんですか？ うちの犬はおなかの調子が悪い時に散《さん》歩《ぽ》の途《と》中《ちゅう》で草を食べます」

動物も同じだね。もともと人間は

エチオピアの市場で、伝統薬《でんとうやく》をつくるためにつかう薬草を売る人びと。

薬を発明する前は薬草にたよっていました。まずしい人たちはまだそれにたよっているといえるのです。

ただ、薬草ではどうしても治《なお》らないものもあります。

さっき麦さんが言っていた「むし歯」なんかがそうですね。薬草をいくら飲んでもむし歯がよくなることはありません。

そんな時は、歯医者さんの代わりになる人がスラムにいたりするのです。次のページの写真は、まずしい人が路上の歯医者さんに治療《ちりょう》を受けているところです。

みどり子さん　「痛そう……わたし、歯医者さん、大きらい」

みんなは歯医者さんで治療を受ける時は、痛くないように麻酔《ますい》を打ってもらいますよね。それでも痛かったりします。

けど、スラムの歯医者さんは麻酔はありません。麻酔っていうのは、ものすごく値段《ねだん》が高いし、扱《あつか》うのには特別《とくべつ》な知識《ちしき》が必要《ひつよう》なんです。だから、麻酔

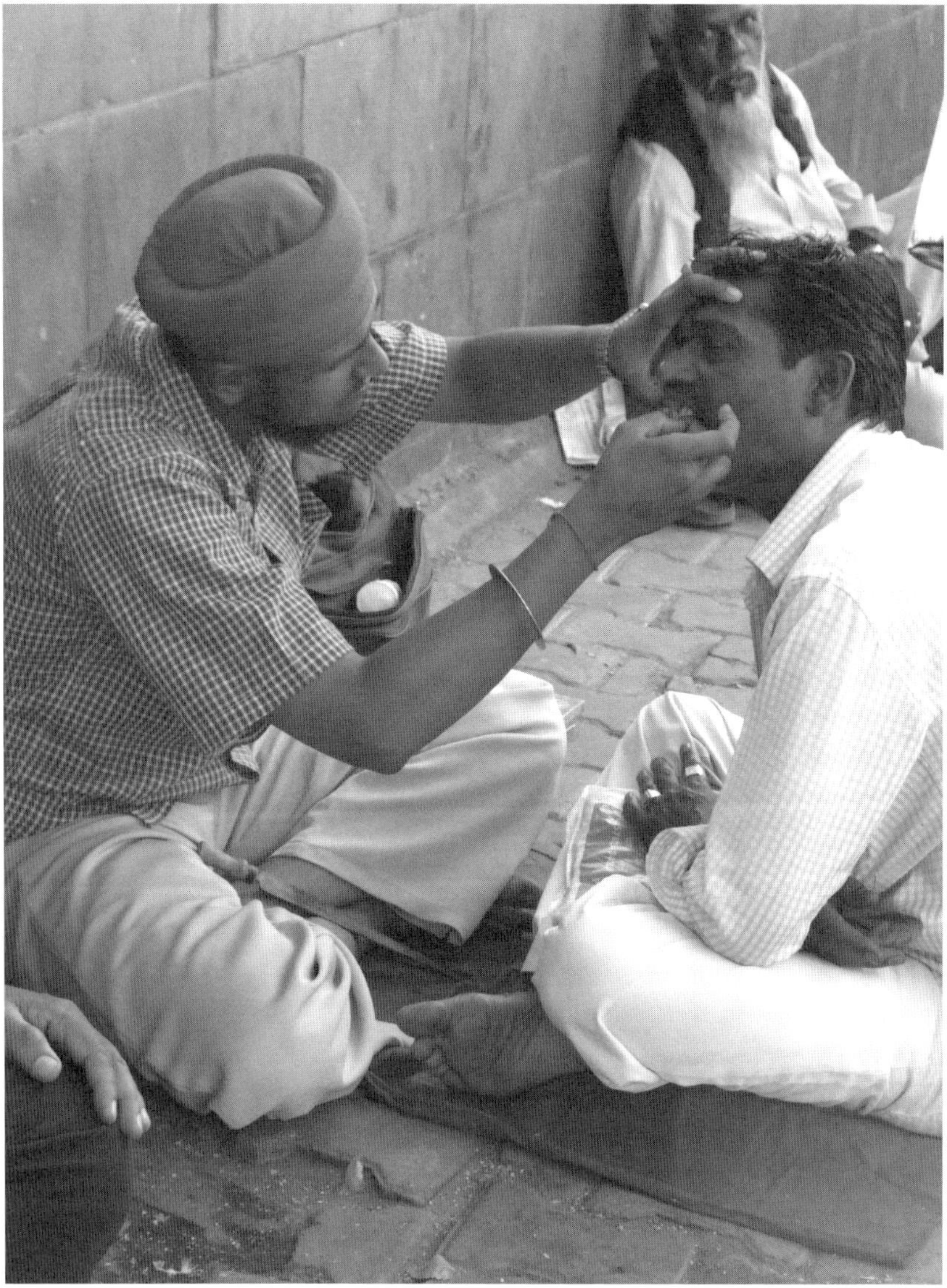

インドの路上の歯医者さん。麻酔《ますい》なしでペンチやトンカチで歯をぬきます。

なしで歯をぬきます。

おもしろいのがね、痛《いた》みをごまかすために、歯医者さんに楽隊《がくたい》がいたりするんです。歯医者が麻酔なしで歯をぬいている最中《さいちゅう》、患者《かんじゃ》さんの気持ちをなごませようとして、楽器《がっき》を持った人たちが取りかこんで「ピーヒャラ、ピーヒャラ」と音楽を演奏《えんそう》したりします。

麦さん　「えー、それで痛くなくなるんですか？」

うーん。残念《ざんねん》ながら、痛みはなくなりませんね。でも、気をまぎらわせてあげようという努力《どりょく》だけは伝《つた》わってきます。

さらに薬草などでは、なかなか治《なお》らない重い病気もありますね。たとえば定期的《ていきてき》に頭が痛くなる偏頭痛《へんずつう》だとか、もっと悪いものでしたらがんだとか。こういう場合には「祈祷師《きとうし》」にたのむことがあります。「祈祷師」って言って、みなさんは想像《そうぞう》がつくかな？

満君《みつる》　「わかった！　お祈《いの》りする人？　魔術《まじゅつ》とかつかったり。ゲームに出

ネパールの路上でお祈《いの》りをする祈祷師《きとうし》。

てくるもん」

そうだね。さすがに魔術《まじゅつ》はつかわないけど、神様にお祈りをして治《なお》してもらおうとする人たちです。

病気の人たちは、どうにかそれを治してもらいたいと思うけど病院がなかったり、薬が買えなかったりする。そこで「神だのみ」をするんです。この祈祷師に祈ってもらって、どうにか病気を治してもらおうとします。

ぼくも昔やってもらったことがあるんですよ。おなかが痛《いた》くて熱《ねつ》が出てどうしようもなくなった時に、知り合いがぼくを祈祷師のところに運んでいったんです。

祈祷師はぼくを横にねかせてお線香《せんこう》のようなものをふり回して「悪魔よ去れ、悪魔よ去れ」と言っていました。

みどり子さん　「治ったんですか？」

まったく治りませんでしたね。むしろ、ひどくなったような気がします。

みどり子さん「ははは、おかしい」

でもね、まずしい人たちの中には、この祈祷師《きとうし》を必要《ひつよう》としている人もたくさんいるんですよ。

たとえば、一人ぐらしの老人の場合は、病院へ行くお金がなければ、だれにもみてもらえませんよね。一人ぼっちで暗い部屋で苦しんでいなければなりません。

でも、祈祷師がいれば、苦しい時もずっと祈祷師がそばにいてくれます。話しかけてくれるし、お水もくれるし、ご飯《はん》もくれます。そばにだれかがいてくれるってことは、とても大きな勇気《ゆうき》になるのです。

しゅう君「ぼくもかぜをひいた時、お母さんがずっとそばにいてくれて、すごくうれしかった」

しゅう君のお母さんはとてもやさしいですね。そういう家庭が理想だと思います。

でも、同じ日本であっても、一人ぐらしのお年寄《としよ》りがひっそりとアパートで亡《な》くなってしまうことが問題になっています。お金があって、家もあるのに、一人ぼっちで亡くなってしまう。

まずしい国では、お金がなく、家もないことがあります。けど、祈祷師がいれば、ずっとそばで見守ってもらえる。さびしくはない。孤独《こどく》じゃない。

どっちが良《よ》いか悪いかということではありませんが、これはわたしたちが「幸せとは何か」ということを考える参考《さんこう》になるのではないでしょうか。

三時間目　学校と仕事

1　学校へ行ける子ども、行けない子ども

みなさんは、今日も当たり前のように学校に来ましたよね。

毎日学校に来ることをどう思っていますか？

れい香《か》さん「学校は好《す》き！　いろんな友だちに会えるから」

満君《みつる》「おれはめんどくせー。勉強とかきらいだし」

いろんな意見がありますね。

でも、みなさんにとって学校というのは、生きていく上で必要《ひつよう》なことを身につけるための場所なんです。

算数や社会や理科といった教科を勉強することによって知識《ちしき》をつけることだけが目的《もくてき》じゃないのです。

まず、みなさんは学校に来ることで、ちがう家庭で育った人たちと出会い

ます。そこには自分とはまったくちがう考え方や、自分とはまったくちがう能力《のうりょく》を持った子どもたちがたくさんいます。

また、学校の勉強を通して世界や社会がどういうものかを知ります。その中で、自分はどういうことをやりたくて、どういう意見を持っているのか。自分自身というものを少しずつつくっていきます。

もちろん、学校ではけんかもあるでしょうし、友情《ゆうじょう》もめばえるでしょう。つらい行事やテストを乗りこえなければならないこともあります。

そうした経験《けいけん》をつみかさねながら、みなさんは自立して歩いていく練習をします。

社会に出たらだれも助けてくれません。だから学校で自分の進んでいく道を見つけ、自分の力で歩いていく練習をするのです。そうすれば、学校を卒《そつ》業《ぎょう》したあと、みなさんは社会で生きていくことができるのです。

ところが、世界には学校へ行けない子どもたちがたくさんいます。

家庭の事情《じじょう》で小学校へすらまったく通えない子どもたちの数はおよそ五千七百万人。まずしい国では、五人に一人にのぼるといわれています。三十五名のクラスであれば、七名は学校へ一度もこられないということです。なぜ、こうしたことが起きてしまうのでしょうか。

一番大きな問題は、働《はたら》いても十分なお給料《きゅうりょう》をかせげないことにあります。お父さんやお母さんが朝から晩《ばん》まで働いても、一家を食べさせていくだけのお金にならないのです。

たとえば一家五人が食べていくには毎日千円必要《ひつよう》だとしましょう。でも、お父さんとお母さんが丸一日働いても五百円にしかなりません。そうなれば、残《のこ》りの五百円を子どもたちが仕事をしてかせがなければ、食べていくことができませんよね？

また、農家であれば、畑の広さの分だけ人手が必要になります。お父さんが一人で畑をたがやして収穫《しゅうかく》することはできないのです。だれかに手伝《てつだ》ってもらわなければならないのですが、人をやとうお金もなければ、機械《きかい》を買うお金もない。そうなれば、子どもに働いてもらうしかないでしょう。

つまり、まずしい国では、家族が生活してゆくためには、子どもたちが働かなければならないのです。そうして子どもたちは学校へ行かず、その時間は働くことになるのです。

このように子どもが学校へ行かずに働くことを「児童労働《じどうろうどう》」といいます。

世界にどれぐらい児童労働をしている子どもがいるかわかりますか？

しゅう君「百万人ぐらい？」

れい香《か》さん「一千万人？」

実はね、世界には、児童労働をしている子どもたちが一億《おく》六千八百万人いるといわれています。実に、九人に一人の子どもが働いているのです。

勇人《ゆうと》君「ええ！　日本の人口より多いってことですか」

その通り。日本の人口よりはるかに多くの子どもたちが働いているのです。

こうした子どもたちは学校へ行けないために、文字の読み書きができなかったり、計算ができなかったりします。

そうなると、一人前の大人になってもちゃんとした仕事につくことができなくなってしまいます。両親と同じく、お金にならない仕事をすることしかできず、結果《けっか》としてその人たちの子どもまでもが食べていけなくなってしまうのです。

世の中には「まずしさは遺伝《いでん》する」なんて言葉があります。

これは本当の意味で遺伝するのではなく、まずしい家に育つと教育を受けられず、子どもも

● 小学校に行けない世界の子どもの数

……約《やく》5700万人

（ユニセフ調べ 2014年現在）

● 児童労働《じどうろうどう》をしている世界の子どもの数

……約１億《おく》6800万人

（国際労働機関《こくさいろうどうきかん》調べ 2013年現在）

まずしくなるということです。こうした悪いつながりを切るためにも、子どもたちへの教育は必要《ひつよう》なのです。

そう考えてみると、日本にはまずしくても学校へ行けるだけのサポートがありますよね。それはものすごいチャンスなのです。

みどり子さん「チャンスなんだ。でも、たしかに学校に来なかったら、何にも知らないままだし、友だちだってかぎられてたからね。それに将来《しょうらい》何かをやりたいとかも考えなかったかも」

みなさんが当たり前のように学校へ行けて、友だちと出会えて、社会で生きるための力を身につけさせてもらっていることが、どれだけめぐまれていることか。

そのことを考えながら、この時間は、子どもたちの仕事について見ていきましょう。

2　児童労働《じどうろうどう》の種類《しゅるい》

児童労働をしている一億《おく》六千八百万人の子どもたち。かれらは学校で勉強をする代わりに、どのような仕事をしているのでしょうか。

子どもたちがする仕事は大人たちの仕事とは少しちがいます。どのような種類があるのか。整理して考えてみたいと思います。

・会社での労働……工場、農園、鉱山《こうざん》などでの労働
・家庭内での労働……畑仕事、ぬい物、店番
・野外での労働……ゴミひろい、おかし・たばこ・新聞売り、くつみがき
・物ごい……大道芸《だいどうげい》、音楽演奏《えんそう》、物ごい

まず、「会社での労働」から見ていきます。これは大きな工場や農園などで、お給料《きゅうりょう》をもらいながら働くということです。

工場や農園の中には、社長さんがやさしくて、とてもいいところもあります。しかし、中には子どもたちにほとんどお給料をはらわず、約束《やくそく》の倍ぐらいの時間むりやり働かせたりする悪いところもあります。

この中で、サッカーボール、チョコレート、ダイヤモンドといったものを知らない人はいますか？

しゅう君「それぐらい知ってるよ。サッカーボールはこの学校にもあるし、うちの母ちゃんチョコが好《す》きでパクパク食ってるし」

そう、どれも日本にはふつうにあるものですよね。でも、一時代前はこれらは児童労働によってつくられていたんですよ。

たとえば有名なスポーツメーカーのサッカーボールは、パキスタンで子どもたちがつくらされていましたし、チョコレートのもととなるカカオはガーナなどの農園で子どもたちがつくらされていました。また、ダイヤモンドや銅《どう》などの鉱山《こうざん》で働《はたら》かされていた子どもたちもいたんです。

勇人《ゆうと》君「質問《しつもん》です。なんで会社は子どもたちを働かせるんですか？　大人をやとった方がよくないですか」

たしかに大人の方が仕事を早くします。でも、大人をやとえば、そのぶん高いお給料《きゅうりょう》が必要《ひつよう》になります。子どもの場合は安くやとえるのです。

たとえば、工場や農園で子どもたちが働く場合は、お給料は大人の半分とか三分の一とかです。具体的《ぐたいてき》には一日で百円とか二百円ぐらいしかもらえません。会社にしてみれば、子どもたちを安くやとえば、そのぶんもうかるのです。

時どき、わたしたちは海外からの品がとても安くておどろいたりしますよね？　同じものを日本でつくったら何万円もするのに、海外の製品《せいひん》だと何千円とか何百円で売っていたりします。

そうしたことの裏《うら》には、子どもたちが安いお給料できつい仕事をさせられているという実態《じったい》があったりするのです。

勇人君「そんなのダメじゃん。子どもを利用《りよう》してる」

そう。だから児童労働《じどうろうどう》はいけないんです。

みなさんは、日本製より外国製の方が安いといって買いがちですよね。そりゃ、安いにこしたことはありません。

でも、外国の商品だから安いといってよろこんでいいものかどうか。

もし安い理由が児童労働にあれば、それはいけないことですよね。みなさんは、買い物をする時に少しでもそれを考えてみることが大切です。

次に、「家庭内での労働」を見ていきましょう。

両親が仕事を持っている場合、子どもたちがその仕事をしたり、手伝《てつだ》ったりすることをいいます。両親に仕事を教えてもらいながら同じことをしてお金をかせぐのです。

たとえば、お父さんがレストランをやっていたとしましょう。お客さんはくるものの、人をやとってしまうとお給料《きゅうりょう》をはらわなければなりません。そこで子どもがかわりに皿洗《さらあら》いやウエイターをして働《はたら》くのです。

あるいは、お母さんがおり物をしていたとしましょう。バッグや服をつくって市場で売ったりします。そんな時、娘《むすめ》さんがお母さんからおり物のやりかたを教わり、いっしょになってつくって市場に売りに行きま

細長く切った新聞紙などをつかって、ビーズをつくるウガンダの少女。

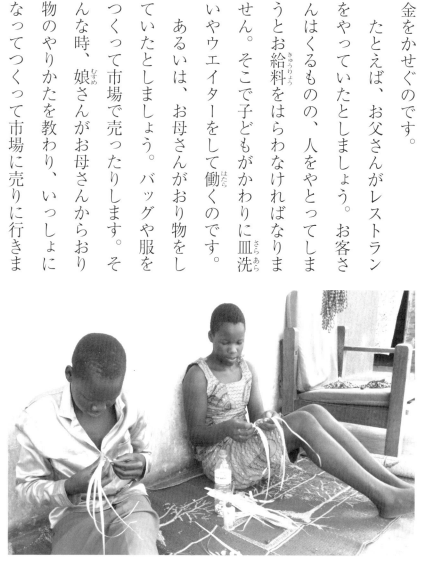

す。

こうしたこともまた児童労働《じどうろうどう》の一つなのです。右の写真がそれですね。こうした児童労働がいいか悪いかを判断《はんだん》するのはとてもむずかしいです。いいところを言えば、子どもたちが家族と親密《しんみつ》になれるということです。毎日いっしょに仕事をしてあれこれ教えてもらえるわけですから、親子のきずなはとてもつよくなります。

みなさんの中にはお父さんが仕事で忙《いそが》しくてほとんど顔を合わせないとか、単身赴任《たんしんふにん》に行ってしまっている家もあるでしょう。さびしいですよね。でも、いっしょに働いていればそういう不安はありません。親子はとてもつよいきずなで結ばれるのです。

では、悪い点はなんでしょう。子どものころから一つの仕事にしかついてこないで、それ以外《いがい》の勉強をまったくしていないので、もしその仕事がダメになったら、なかなかべつの仕事につけないということです。あるいは、その仕事があまりお金にならないものであれば、一生お金にならない仕事をしつづけなければならないということです。

ぼくの日本人の友人はお父さんが畑で働《はたら》いていましたが、まったくもうからないのを見ていっしょうけんめいに勉強をして国家公務員《こうむいん》になりました。でも、かれが畑仕事しかしたことがなければ、国家公務員にはなれなかったでしょう。つまり、将来《しょうらい》の選択《せんたく》がせばまるという意味では、あまりほめられることではないのです。

明美さん「うちのお母さんも、いま勉強しておけば将来いろんな仕事につける可能性《かのうせい》が広がるって言ってました」

そうだね。もちろん、一つのことをやりつづけることはいいことです。だけど、それがどこかでうまくいかなくなってしまうこともあります。あるいは、どこかでべつのことをやりたいって思う場合も出てきます。

そんな時に、その子にとってどれだけ選択があるか。その選択があるのとないのとでは、とてもちがうんです。

三番目に、「野外での労働《ろうどう》」を見ていきましょう。

こちらは家族とははなれて、外で子どもだけで仕事をすることです。子どもたちが一番簡単《かんたん》にできるのがゴミひろいですね。次の写真です。

彼らは町に落ちているゴミをひろい集めて、それを工場などに持っていきます。すると、そこの人がリサイクルのために、一キログラムいくらというふうに買い取ってくれるのです。ゴミをひろって売るだけですので、だ

ネパールの路上でゴミ集めをする子ども。

れでもできる仕事としてひろく行われているのです。

それ以外《いがい》の野外での労働として多いのは、物売りです。商品をかついで人びとに売り歩くのです。商品はさまざまで、たとえば、たばこ、おかし、新聞、花などがあります。

かれらはどうやって商品を手に入れているのでしょう。二つ方法《ほうほう》があって、お店から品物を買い取ってちょっと高くして町で売る方法と、お店から品物を借《か》りて売り歩き、売れた分だけお金をもらう方法とがあります。

物売りには、たいていそれぞれ「ナワバリ」のようなところがあります。そこには友だちがたくさんいて、助け合いながら働《はたら》くのです。

たとえばおかし売りの子どもが、たばこをほしがっている大人を見つければ、仲《なか》のいいたばこ売りを紹介《しょうかい》してあげる。

あるいは、子どもがくつみがきをしながらお客さんに「新聞いりませんか」ときいて、もしほしいと言われれば、仲のいい新聞売りをよんであげる。そうやっておたがいの仕事を手伝《てつだ》っているのです。

また、子どもたちは仕事以外《いがい》のところでも助け合います。

たとえば、警察が見回りにやってきたら、見つけた子が違法《いほう》な物売りをしている子に知らせて逃《に》げたり、教会がまずしい子どもたちに服やご飯《はん》をくばっていれば、それもみんなに知らせてもらいにいったりします。

子どもたちが道で一人で仕事をして生きていくのはとてもたいへんな

エチオピアで、たばこやポケットティッシュを売る子どもたち。

ことです。だから、かれらは協力《きょうりょく》することで乗りきろうとしているのです。

最後《さいご》に「物ごい」について見てみましょう。

物ごいとは、日本にはあまりありませんが、道にすわりこんで「お金をください」とたのんだりすることです。子どもがまだ小さかったり、体に障害《しょうがい》があったりして働《はたら》くことができない場合は、物ごいをすることでお金を手に入れるのです。

一方で、芸《げい》をする

物ごいをする幼い少年。

ことでお金をもらう人たちもいます。日本でも駅前でバンド演奏《えんそう》をしている若《わか》い人たちがいますよね。あれと似《に》ていて、おおぜいの人が集まる場所へ行って、歌をうたってみせたり、マジックのような芸を見せたりすることで、お金をもらうのです。

あれ、麦さん、暗い表情《ひょうじょう》をしていますね。どうしたのですか？

麦さん「わたしたちがふつうに学校に行っているのに、まずしい国では子どもたちがこんなふうに働いているなんて。国はこうした子どもたちを助けてあげないんですか？」

とてもむずかしい問題ですね。

どの国も、一応《いちおう》は子どもが働くことを禁《きん》じていて、学校へ行くことを義務《ぎむ》づけています。それは日本と同じです。

しかし、本当にまずしい家では、学校よりも食べていくことの方が優先《ゆうせん》されますよね。だから児童労働《じどうろうどう》があるわけです。

本来は日本のように国がこうしたまずしい人たちを支《ささ》えられれば一番ですが、まずしい国は税金《ぜいきん》が少ないのでそれをするだけの余裕《よゆう》がないのです。そうなると、国は児童労働《じどうろうどう》も「しかたのないこと」として見て見ぬふりをすることになります。

麦さん「じゃあ、世界のお金持ちの国が助ければいいんじゃないですか?」

それも一つの方法《ほうほう》ですね。

でも、外国がたくさんのお金を送ってなんでもかんでもしてし

タイの市場で、少女が伝統楽器《でんとうがっき》をかなでることでお金を集めています。

まったら、その国の人びとは働《はたら》かなくてよくなってしまいます。

また、子どもたちが学校だけ行けても、卒業《そつぎょう》したあとにその国に仕事がなければ意味がありませんよね？

国全体がよくなっていかなければなりません。そのためには、なんでもかんでも外国からの援助《えんじょ》にたよっていては成《な》り立たないのです。

もちろん、最初《さいしょ》は外国の援助は必要《ひつよう》でしょう。少しずつそれを受けながら、国をよくしていき、最後はその国でぜんぶやっていけるようにする。それが理想なのです。

れい香《か》さん「お母さんはわたしに『自立できるようにしなさい』って口ぐせのように言うけど、国も自立できるようにならなきゃいけないんですね」

そうですね。みなさんもお母さんにずっとたよっていたら、いつかお母さんが年をとったり、病気になってしまったりしたらいっしょにダメになってしまいます。国もそれと同じ。だから、ひとり立ちすることが必要なのです。

3　戦争《せんそう》によって学校へ行けない子ども

子どもたちが学校へ行けない理由は、まずしさだけではありません。もう一つ大きな問題があるのです。

それは、その国で戦争が行われていて、学校そのものが長年休みになってしまっていたり、通学することが危険《きけん》で通えなかったりすることです。

今でも、シリアやイラクといった国で戦争をしていることは、みなさんもニュースなどで知っていますよね？　ほかにも、ナイジェリアやアフガニスタンやイエメンやソマリアといった国でも戦争がつづいています。

戦争をしている国では、子どもたちが兵士《へいし》にさせられてしまうことがあります。テロリストのようなゲリラは、つねに兵士をほしがっています。戦争をするには、兵士が必要《ひつよう》ですからね。

AFP＝時事

アフリカのリベリアの少年兵。年齢《ねんれい》はわずか13歳《さい》です。

本当は大人を兵士《へいし》にさせれば一番いいです。しかし、大人は逃《に》げてしまったり、いやがったりします。だから、かれらは言いなりになる子どもたちに目をつけ、学校などから生徒《せいと》たちを強引につれてきて兵士として働《はたら》かせるのです。

少年兵という言葉を聞いたことがありますか？　みなさんと同じぐらい、つまり小学生、中学生の子どもたちが兵士《へいし》になることを、そうよぶのです。

満《みつる》君「先生、少年兵って男の子だけなんですか？　女の子は兵士《へいし》にならないの？」

いい質問《しつもん》ですね。実は「少年兵《しょうねんへい》」といっても女の子もいるのです。たとえば、アフリカのウガンダという国では半分ぐらいが女の子の兵士です。

戦争《せんそう》といっても、兵士は二十四時間戦《たたか》っているわけではありません。ご飯《はん》をつくったり、洗《せん》たくをしたり、荷物を運んだりする時間のほうがずっと長いのです。そういう仕事では、男の子より女の子の方がいいですよね。また女の子の方が逃《に》げません。

明美さん「でも戦争なんて無理《むり》です。銃《じゅう》なんて持ちたくないし、こわいもん」

もちろん、戦争をしている国の子どもたちも同じように思っています。だけど、兵士たちはすごく残酷《ざんこく》で、子どもたちをゆうかいしてきて、兵士にならなければ殺《ころ》すとおどかします。ひどい時には、むりやり人殺しをさせて、人を殺すことになれさせてしまいます。

また、子どもたちにしても、たとえ逃げたところで、仕事も何もないところで子どもだけで生きていくことはできません。戦争《せんそう》をしている国には、食べ物もなければ、住む家もなかったりしますから。

そうなると、子どもたちも、生きていくには兵士になって戦争に参加《さんか》するしかないのです。

無理とか、こわいという以前《いぜん》に、生きるためには戦争をしなければならない。そういう状況《じょうきょう》においつめられてしまうのです。

もう一つ、戦争《せんそう》によって学校へ行けないのは、少年兵《しょうねんへい》だけではありません。テロリストのようなゲリラは、支配《しはい》した地域《ちいき》の子どもたちを学校へ行かせないことがよくあります。学校を閉めて「教育は必要《ひつよう》ないから働《はたら》け」と言ったりするのです。

あれ、みどり子さんが手を上げていますね、どうぞ。

みどり子さん「前にニュースでマララさんっていう人のことをやってました。十七歳《じゅうななさい》でノーベル平和賞《へいわしょう》をとったって。マララさんは学校へ行きたいって言ったら、悪い人たちに銃《じゅう》でうたれたみたいです。本当ですか？」

マララ・ユスフザイさんのことですね。そう、彼女の故郷《こきょう》はパキスタンのスワートという戦争《せんそう》をしている町にありました。そこでは、テロリストたちが女の子に向かって「学校へ行くな、行ったら殺《ころ》す」と言ったのです。

しゅう君「なんで学校へ行ったら殺されるんですか」

いろんな理由がありますけど、一番大きいのは子どもたちが勉強をして頭

EPA＝時事

ニューヨークの国連《こくれん》本部で演説《えんぜつ》するマララさん。

がよくなれば、自分たちの敵《てき》になると思ったのでしょう。

これは独裁者《どくさいしゃ》などの悪い人たちが共通して考えることです。

子どもがしっかり勉強をすれば、テロリストや独裁者の悪いところを見つけて「それはダメだ！」って声を上げますよね。そしてその声はどんどん大きくなっていく。

テロリストや独裁者はそういうことをおそれるんです。自分の悪いところを見つけられたくありません。だから、子どもたちに勉強をさせないことでよけいなことを発言させないようにしようとするんです。

でも、マララさんは「学校へ行って勉強をしたい！」って声を上げた。そうすることが社会や国をよくするために必要《ひつよう》だとわかっているからです。そしてテロリストに銃《じゅう》でうたれても世界に向けてそれを言いつづけました。

いま、マララさんはノーベル平和賞《へいわしょう》をもらって、世界の子どもたちに教育の大切さをうったえて、テロリストの活動に反対しています。テロリストにとっては、すごくこわい存在《そんざい》になったのです。

ここでみなさんに一つおぼえてもらいたいことがあります。みなさんは、家庭でも、学校でも、あるいは社会においても、いやなことがたくさんあるでしょう。

家庭内暴力《ぼうりょく》があったり、学校でのいじめがあったり、あるいは世界にはまずしさや戦争《せんそう》があったりします。

おそらくだれ一人としてそれをいいことだとは思っていません。でも、それを言葉にしなければ、なくなることはないのです。

だまっていても、家庭内暴力はなくなりません。いじめもなくなりません。戦争だって同じです。

もしそれらをなくそうとしたら、きちんとみなさんが言葉にしなければならないのです。では、どんな言葉で、だれに向かってきちんとそれを発すればいいのでしょうか。

それを学ぶところが学校でもあるのです。

この時間の最初《さいしょ》にいいましたよね。みなさんは、日本人として生まれて、当たり前のように毎日学校へ行ける立場にあるって。

これはものすごく幸せなことなんです。

ならば、みなさん一人ひとりがそのありがたみをかみしめて、まわりの環《かん》境《きょう》や社会をよりよくしていくための言葉を発する練習をしてください。

マララさんが声を上げたのは、十二歳《じゅうにさい》のころでした。みなさんとたいして変《か》わらない年齢《ねんれい》です。

れい香《か》さん「すごいよね。わたしたちとほとんど同じ年齢だもん。それで堂《どう》どうとテロリストと戦《たたか》ったり、世界でスピーチをしたりしてるんでしょ。信《しん》じられない」

でも、マララさんだってふつうの子なんです。環境だけでいえば、みなさんの方がずっとめぐまれているかもしれない。

ただ、マララさんはやらなければならなかった。やらなければ学校へ行くことができなかった。だから、がんばってやったのです。

マララさんにできて、みなさんにできないということはありません。

この学校で、みなさんは何を学び、何をすればいいのか。

そのことをきちんと考えてみてください。

給食
きゅうしょく

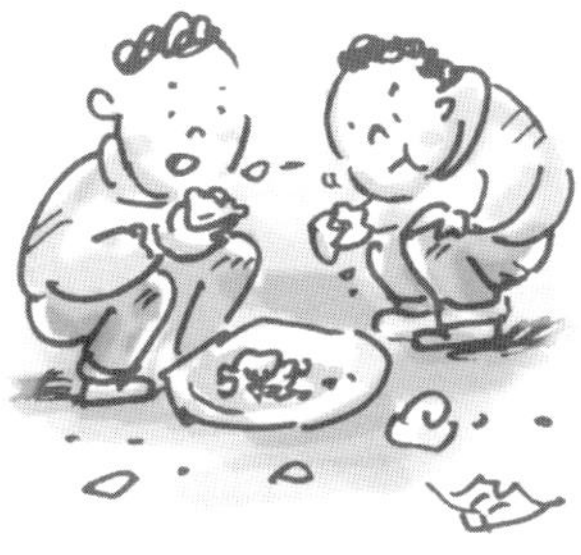

今日の給食《きゅうしょく》は、みなさんが楽しみにしていたカレーですね。みなさんは、カレーが好《す》きですか？

満君《みつる》「大好き！　肉とジャガイモが最高《さいこう》！」

勇人君「もっとからくてもだいじょうぶ！」

ぼくが小学生の時もカレーは大好きでした。いつの時代でも、カレーは給食のごちそうなんですね。

カレーというのは、世界中にあっていろんな種類《しゅるい》があるんですよ。

インド人がカレーをナンという大きなパンにつけて食べるのは知っていますよね。最近《さいきん》ではインドカレー屋さんが日本のあちらこちらにできています。

そのほか、タイではレッドカレーとか、グリーンカレーといった日本のカレーよりもう少し水っぽいカレーがご飯《はん》の上にかけられて食べられています。

スリランカでは、魚をつかったフィッシュカレーが人気です。

ちなみに、カレーパンというのは日本のものですが、最近は日本から世界中にひろまっています。日本人からするとカレーはインドの食べ物という印象《いんしょう》がつよいかもしれませんが、逆《ぎゃく》に外国の人からするとカレーパンは日本の食べ物という印象があるんです。

ところで、みなさんは、日常的《にちじょうてき》に食べている食事がどこから生まれてきたかわかりますか？　実は、まずしい人たちが発明した食事が、みなさんの大好物《だいこうぶつ》になっていることがあるんです。

たとえば、フライドチキンを知ってますね？

ケンタッキーフライドチキンをはじめ、最近はコンビニエンスストアにもフライドチキンが売られています。子どもはみんな好きですよね。

しゅう君「大好き！」

あれがまずしい人たちが発明した食事だってことを知っていますか？

まずしい人たちが発明したフライドチキン。

昔、アメリカでは黒人が奴《ど》れいとしてあつかわれていました。白人たちがニワトリのおいしい胴体《どうたい》を食べて、奴れいの黒人たちには足しかあげませんでした。

そこで黒人たちは、なんとか足をおいしく料理《りょうり》して食べようとして、油でパリパリにあげる料理を発明したのです。

それでできたのが、フライドチキンなのです。

つまり、フライドチキンは、まずしい黒人たちが、かぎられた食材《しょくざい》をおいしいものにしようとしてつくったものなのです。

あるいは、わたしたちが焼肉屋《やきにくや》さんへ行って食べる「ホルモン」もそうですね。

ホルモン焼《や》きは、内臓《ないぞう》料理のことです。内臓を網《あみ》にのせて焼いて食べるのです。

昔は焼肉といえば、ロースなどの肉の部分ばかりで、内臓はすてるものと

食事をとるルワンダの少年。

して考えられていました。

しかし、太平洋戦争が終わって、まずしい時代になると、日本人は食材《しょくざい》を手に入れることができなくなりました。そこで今まではすてていた内臓《ないぞう》を「ホルモン」として焼肉《やきにく》の食材に入れることにしたのです。

そうしてみると、焼肉の「ホルモン焼き」もまた、まずしさの中から生まれた食事だといえるでしょう。

もっとも、今となってはフライドチキンもホルモン焼きも、だれもが大好《だいす》きな食事になっていますけどね。

世界の貧困《ひんこん》を勉強していると、まずしい人＝何も食べられない人というイメージがあります。

もちろん、それはそれでまちがってはいません。でも、人にとって食事はやっぱり幸せなひと時なのです。

食材はなくても、できるだけおいしいものを食べたい。

だからこそ、まずしいながらも、じゃあどうやればおいしい食事ができるのだろうかって考えて、いろんな料理《りょうり》を発明するものなのです。

まさにハングリー精神《せいしん》でつくりだした料理なんですね。

四時間目　ストリートチルドレン

1　ストリートチルドレン

ストリートチルドレンという言葉を聞いたことがありますか？

ストリートとは道のこと。つまり、「道でくらす子どもたち」という意味です。わかりやすくいえば、ホームレスの子どもたちということです。

世界には、このストリートチルドレンが数えきれないほどいます。正確《せいかく》にはわかりませんが、その数は数千万人をこえるといわれています。なぜ子どもたちが家を失《うしな》ってホームレスになってしまうのでしょう。

いくつか理由があります。

一番多いのは、家庭の問題ですね。

両親が家庭内暴力《ぼうりょく》をふるったり、ネグレクト（育児放棄《ほうき》）をして食事をあげなかったりします。もちろん、まずしくて食事を与《あた》えられないということもあるでしょう。

もし日本でそうなった場合、国や学校が子どもを助けてくれて、家で育てられないようであれば施設《しせつ》でくらすことになります。

しかし、まずしい国には、そうしたシステムがあまりありません。あるいは、あっても施設が満足《まんぞく》な職員や食べ物を持っていなかったりするのです。

そこで子どもたちは家を飛《と》び出して、生きるために物売りをしたり、物ごいをしたりしてお金をかせぎながら生きていくことになるのです。

もう一つ大きな理由としては、両親が亡《な》くなってしまう場合です。

まずしい国では戦争《せんそう》が起きたり、こわい病気が広まっていたりすることで、平均寿命《へいきんじゅみょう》が日本よりずっと短くなっています。それで両親が若《わか》くして亡くなることが少なくないのです。

まずしい家の子どもは学校へ行っていないので、どこへ行けば助けてもらえるかがわかりませんし、相談する大人もまわりにいません。また、施設のある町が遠くて行けないという問題もあります。

それでかれらはホームレスとなって生きていくしかなくなってしまうのです。

明美さん「子どもがホームレスになるなんてひどいと思います。日本だったら子どもが外でねていたら警察《けいさつ》が助けてくれますよね。まずしい国ではそうしたことはないんですか？」

警察もどうしようもないんですよ。警察が子どもを保護《ほご》しても、結局《けっきょく》は施《し》設《せつ》に送ることしかできません。でも、施設に人がいなかったり、食べ物がなかったりすれば、子どもたちは生きるために外へ逃《に》げ出してしまいます。

また、まずしい家の子どもはまったく教育を受けていなかったりします。そうなれば、公用語を話すことができないことがあるんです。

日本とちがっていくつもの言葉がある国では、公用語といって、みんながしゃべる言葉をきちんと勉強しなければなりません。でも、学校へ行っていないから公用語がわからず、施設でくらしていくことができなかったりするのです。

こういうことから子どもたちはホームレスになって生活するしかなくなってしまうのです。

しゅう君「ぼくがストリートチルドレンになったら生きていけないよ。だって、真冬とかだって外でくらしていかなきゃいけないいんでしょ」

たしかにそう思うかもしれませんね。だけどね、人っていうのは、命あるかぎりいっしょうけんめいに生きていこうとするものなんです。

まずしい国の子どもたちもストリートチルドレンになったばかりの時は、どうやって食べていけばいいかわかりません。みんなと同じただの子どもだからね。

でも、一つの町には何十人、何百人というストリートチルドレンの「先《せん》輩《ぱい》」がいます。新しくストリートチルドレンになった子どもたちは、その町の先輩《せんぱい》たちと仲良《なかよ》くなって、生きていく知恵《ちえ》を一つ一つ教えてもらうんです。

何をすれば、お金をかせぐことができるのか。

寒い時はどうやってねむればいいのか。

けがをした時はどうすればいいのか。

そういうことを教わりながら生きていくんです。

これについては、またあとで説明《せつめい》しますが、新しいストリートチルドレンは先輩からいろんなことを教わるためにいっしょにくらすことが多いですね。

先輩にとっても新しい年下の子どもが仲間に入ってくれば楽しいでしょう。

なので、ストリートチルドレンはだいたい数人から十数人ぐらいのグループになってくらしています。

みんなでくらす理由は、ほかにもあります。

たとえば、自分がお金をかせげない日があっても、仲間にご飯《はん》をもらうことができます。自分が病気になった時に、仲間に看病《かんびょう》してもらうことができます。自分がちょっとどこかへ行きたい時に、仲間に荷物をあずかってもらうこともできます。

つまり、ストリートチルドレンたちはグループの仲間とともに助け合って生きているのです。何かこまったことがあった時や、何かをたのみたい時に、仲間にお願《ねが》いをしてのりこえているのです。

2　家と仕事

ストリートチルドレンがどのよう

タンザニアのストリートチルドレンのグループ。ほとんどが男の子。

にしていきているかを見ていきましょう。

ストリートチルドレンは家がありませんから、外でねることになります。春や夏のような天気であれば、彼らは公園の芝生《しばふ》の上や道に布《ぬの》をしいたりしてねどこをつくってくらします。

下の写真がそれですね。

けれど、国によっては病気に気をつけなければならないことがあります。

マラリアって知っていますか？

エチオピアの路上でひるねをする少年。

アジアやアフリカのあたたかい国に多いのですが、蚊《か》の一種《いっしゅ》が病気を持っていることがあるのです。その蚊に刺《さ》されてしまうと、マラリアという病気になって高い熱《ねつ》が出て、運が悪いと死んでしまいます。

したがって、ストリートチルドレンは夜ねている時になるべく蚊に刺されないようにしなければなりません。そこで蚊帳《かや》というネットをつくり、その中でねむるのです。下の写真がストリートチルドレンの蚊帳ですね。

　こうしたものがなければ、ミイラのよう

蚊帳の中でねむれば蚊に刺されません。

に布《ぬの》を全身にまいて蚊に刺《さ》されないようにしなければなりません。

もう一つあたたかな季節でこまるのが雨ですね。日本でも夏には夕立がふったり台風が来たりして、一年で一番降水量《こうすいりょう》が多くなります。外国でも同じように夏に激《はげ》しい雨がふったり、台風が来たりすることがあります。

さすがにそうなると、ストリートチルドレンは公園や道でねることはできませんよね。どうしても雨をふせぐための屋根がほしくなります。そこでかれらはちょっとしたくふうをするのです。

コンクリートの水道管の中でねむれば雨はしのげますね。また、ひろってきた布でテントをつくってもさけられます。

ストリートチルドレンは、先輩《せんぱい》たちから教わって、こういうところでくらすようになるのです。

逆《ぎゃく》に、ストリートチルドレンには、寒さも敵《てき》になります。寒い国では真冬に外でねていれば、こごえ死んでしまいます。

そこでも子どもたちは冬なりのくふうをします。たとえば、モンゴルやルーマニアのストリートチルドレンは冬になると地下の下水道にもぐってねむることがあります。地下であれば外の寒い空気は入ってきませんし、雪がふってもだいじょうぶです。

町によっては下水道がストリートチルドレンたちの巨大《きょだい》なマンションのようになっていることもあるんですよ。

下水道は地下でアリの巣《す》のように通っていますので、この道はAグループのすみか、この道はBグループのすみかといったように決まっていて、何グループものストリートチルドレンがくらしているのです。

れい香《か》さん「わたしだったら無理《むり》かも。寒いのダメだし、きたないのも苦手」

れい香さんが、そう思うのは当然《とうぜん》です。でも、この子たちも同じなのです。それでもみんな命あるかぎり、死にたくないと思って、なんとかして生きていこうとするものなのです。そういうつよさ、たくましさがあるのが人間なのです。

かれらのする仕事は、三時間目に見た「物売り」と「物ごい」が主になります。

こうした仕事の中でもストリートチルドレンがよくやっている仕事としてくつみがきがありますね。大人もやらないことはありませんが、大きな体でかがみこんでくつをみがくのは簡単《かんたん》ではありません。小さな子どもの方がずっとやりやすいんです。それでくつみがきが、自然《しぜん》とストリートチルドレンの仕事になって

エチオピアのくつみがき。必要《ひつよう》な道具は自分たちで買いそろえます。

いることが多いのです。

とはいえ、ここで気づくことはありませんか。

みなさん、ふつうにくらしていたら、くつみがきなんて自分でやりますよね。たとえばお父さんだって、お母さんだって、自分でくつをみがいていませんか?

これはまずしい国だって本来は同じなのです。くつみがきぐらい、自分でできるのです。

では、なぜストリートチルドレンがくつみがきを仕事としてできるのでしょう。

それは町の人たちがストリートチルドレンのことをかわいそうだと思って、わざと仕事をさせてあげているのです。自分でみがかずに、かれらにお金をはらってみがいてもらうことで、ご飯《はん》を食べていけるようにしているのです。

ほかの仕事でも同じです。

新聞売りだって、おかし売りだって、たばこ売りだってそうです。

ストリートチルドレンが一日中かついで歩き回っているものより、お店で買ったほうが品物はずっときれいでしょう。それでも、わざわざかれらから買ってあげるのは、かれらにお金をあげるためなのです。

あるいは、レストランの店長さんが、お客さんが残《のこ》したご飯《はん》をビニール袋《ぶくろ》にまとめて町のストリートチルドレンたちにくばっていることがあります。そうすることで、かれらが空腹《くうふく》を満《み》たせるようにしてあげているのです。

町の一般庶民《いっぱんしょみん》も同じです。

服が古くなればゴミとしてすててしまったり、切って布《ぬの》としてつかったりしますよね。でも、人びとの中にはそれらをきちんととっておいて、ストリートチルドレンにくばってあげる人もいるのです。

勇人《ゆうと》君「みんなが助けてあげようとするんですね！　やさしいなあ」

町の人一人では、ストリートチルドレンをかわいそうだと思っても家につれて帰って大人になるまで育ててあげることはむずかしいです。かれらだって養《やしな》わなければならない家庭がありますからね。

でも、だからこそ、かれらは自分ができる小さなことを一つずつやってあげるんです。そういう人たちが何十人、何百人といるからこそ、ストリートチルドレンはくつみがきの仕事ができて、服が着られて、ご飯を食べていけるのです。

一人ひとりの善意《ぜんい》が集まって、ストリートチルドレンは生きていけるのです。ストリートチルドレンが百人いれば、何千、何万人という人たちが、その子たちの生活をサポートしてあげているのです。

3　遊び

ここまで、ストリートチルドレンの生活や仕事について見てきました。

もしかしたら、みなさんはストリートチルドレンが毎日ものすごくたいへんな仕事をして生きているかわいそうな子どもたちと思っているかもしれませんね。

たしかにそれはそれで一つの事実です。かれらは毎日朝から晩《ばん》まで働《はたら》いて、道でねむってすごしています。けど、人ってつらいことだけじゃ生きていけません。たいへんな生活の中でも、楽しさを見つけだすのです。

たとえば、夜になると人はいなく

フィリピンの川に飛《と》びこんで遊ぶ子どもたち。

なり、道にいるのはストリートチルドレンだけになります。そうすると、ストリートチルドレンのグループ同士《どうし》でサッカー大会をはじめたりするんです。明け方までワイワイみんなでサッカーをやって楽しんで、ひろってきたお宝《たから》を商品として用意することがあります。

あるいは、水遊びなんかもしますね。前のページの写真がそれです。みんな、橋から次から次に川に飛びこみます。中には、オリンピック選手のように宙返《ちゅうがえ》りをしながら川に飛びこむようなすごい子もいます。

川で一つ思い出しましたが、東南アジアのある国のストリートチルドレンが橋や船の上から宙返りをしながら飛び降《お》りていたことがあったそうです。

そしたら、それを見かけた遊園地のオーナーさんが、「かれらを遊園地のショーで働かせたらおもしろいんじゃないか」って考えて声をかけて、遊園地のプールで飛びこみをさせたそうです。お客さんはとてもよろこんだ。それで、その子は正式に遊園地にやとってもらって高いお給料《きゅうりょう》をもらえるようになりました。

勇人《ゆうと》君「そういえば、ブラジルでまずしい子どもたちがサッカー選手《せんしゅ》になるって聞いたことがあります。みんな土がでこぼこのところでサッカーを遊びながらやっているからすごくうまいって」

そういうこともあるでしょうね。

これはストリートチルドレンにかぎらず、スラムなどにくらすまずしい子どもたちについても同じことがいえます。

学校へ行っていない子どもたちがちゃんとした仕事につくのはとてもむずかしいです。でも、運動神経《しんけい》がずばぬけていてスポーツが人よりできればプロになることは夢《ゆめ》じゃありません。

それでスラムで生まれ育って一流のサッカー選手になって何億円《なんおくえん》もかせぐようになったりする人もいます。特《とく》にサッカーというのは、野球のように「道具」が必要《ひつよう》ありませんので、まずしい子どもたちでもできます。

南米やアフリカなどのまずしい国はサッカーがつよいですよね。それはサッカーであれば、まずしさからはい上がれるからなのです。

これはスポーツだけでなく、音楽や絵やダンスなどでも同じことがいえますね。

歌がうまい子どもが歌手になったり、絵がうまい子が絵描《えか》きになって有名になったりすることはあります。まずしい子どもたちの中には、ちゃんとした生活をしたいと思って、その道のプロになることを目指す人も少なくないのです。

勇人君「ぼくは野球選手になりたい。いつかメジャーリーグに行くんだ！」

みどり子さん「私はお洋服屋さんをやりたい。自分でつくってデザインしたりするの」

みなさん、それぞれ夢を持っているんですね。早いうちから夢をいだくのはいいことです。

まずしい国の子どもたちも同じように夢《ゆめ》をいだいて、みなさんに負けないようにがむしゃらに努力《どりょく》します。それしか食べていく方法《ほうほう》がないからです。みなさんも、もし世界に出て何かをしようとしたら、そういう人たちと競争《きょうそう》しなければなりません。

かれらに負けないぐらい「自分はこれをやるんだ！」というものをみなさんも学生時代のうちに見つけてほしいですね。

満《みつる》君「先生、ちょっと変《へん》なことを聞いてもいいですか？　ストリートチルドレンも結婚《けっこん》とかするんですか」

おもしろい質問《しつもん》ですね。でも、とても大切な話なので説明《せつめい》しましょう。

ストリートチルドレンだって、みなさんと同じ男の子や女の子です。みなさんがクラスメートを好《す》きになるように、同じストリートチルドレンを好きになることはふつうにあることです。

ぼく自身、ある男の子が公園で花をつんで女の子にプレゼントしているところを見たり、二人がゴミひろいの仕事が終わってから手をつないでデートをしているところを見たりしたことがあります。

れい香《か》さん「えー、デート！」

そうですよ。みなさんだって好きな人がいればデートしたいと思いますよね。同じです。

やがてそういう二人が大きくなって結婚することだってあるんですよ。そうすると友だちや、後輩《こうはい》のストリートチルドレンがお祝《いわ》いをしてあげるんです。

みんな道に落ちているものからかざりをつくったり、プレゼントを用意したりして結婚式のようなことをするんです。

ぼくはインドで十七歳《じゅうななさい》ぐらいのストリートチルドレンの結婚式に立ち会ったことがあります。

かれらにはちゃんとした結婚式をするだけのお金はありません。だから、

夜の駐車場《ちゅうしゃじょう》で仲間内《なかまうち》だけでやるのです。

よそのグループがおいわいに食べ物を持ってきてくれて、途中《とちゅう》からみんなでうたいながらダンスがはじまりました。

「結婚《けっこん》おめでとう！」

そう言いながら朝までダンスをするのです。それはそれでものすごく楽しそうな結婚式でしたね。

明美さん「すてきー。うちのお父さんとお母さん、結婚式しなくて後悔《こうかい》してるって言ってた。でもまずしい人たちでもできるのね」

結婚式はホテルなどでお金をかけてやらなければならないというわけではありません。小さくても、路上でも、やりたいと思う形でやればいいと思います。

もちろん、結婚したからといって、二人がお金持ちになるわけではありません。これまでと同じように道でホームレスとして生きていかなければならないのです。

でも、ホームレスだって夫婦《ふうふ》でいれば、もう一人じゃないんです。さびしい思いをしないですむし、夫婦で支《ささ》え合うこともできます。もし子どもができれば、その子をかわいがって育てていこうという目標《もくひょう》ができます。

あるホームレスの夫婦が子どもができた時にこんなことを言っていました。

「わたしたちはずっと子ども時代からストリートチルドレンとして道でね起《お》きしてくらしてきた。だけど、新しく生まれた赤ちゃんにはちゃんと家ですごさせてあげたい。だから、今のうちに夫婦でいっしょうけんめいに働《はたら》いて、なんとか屋根のある家の幸せを与《あた》えてあげたいの」

日本人の目から見れば、まずしい国に生まれ育った人はたしかにかわいそうかもしれません。

でも、一人ひとりに目を向けてみれば、みなさんと同じ人間なのです。それぞれ目標を持って、なんとか幸せをえようと努力《どりょく》して生きているのです。

同じ町の人たちはそのことを知っているからこそ、さっきお話ししたようにご飯《はん》や服をあげて助けてあげているのでしょう。あるいは、先輩《せんぱい》のストリートチルドレンは後輩ができたらめんどうをみてあげているのです。

そういう人と人とのつながりの中で、きっとかれらなりの小さな幸せをつかんでいくのでしょう。

そういう意味ではわたしたち日本人と結局は同じで、夢《ゆめ》や目標をいだいて生きているといえるのかもしれませんね。

帰りの会　幸せってなんだろう

今日は長い時間、みなさんといっしょに世界のまずしい国で、人びとがどのような生活をしているのかということを見てきました。

いくつも写真をお見せしましたね。スラムの写真、トイレの写真、それに仕事をしている時の写真……。

テレビなどではあまり見かけないようなものばかりだったはずです。みなさんは、かれらの生活を知ってどのように感じたでしょうか？

みどり子さん「みんなまずしさを生きぬくために、いろんなことを考えてくふうをしているんだなって思いました。湖に生きている魚を利用《りよう》してトイレをつくっているとか、フライドチキンがまずしい人たちの生活から生まれたものだったとか、みんなものすごく考えているんだなって思いました」

しゅう君「ぼくは町の人たちがまずしい人を助けようって考えてるとこ

ろがすごいって思いました。わざわざくつみがきをさせてあげたり、新聞やおかしを買ってあげたりしてるってこと。ぼくも町でホームレスの人を見かけたことがあるけど、なんかこわくてさけてました。助けようって考えたことがありませんでした。だから、まずしい国の人はやさしいなって思います」

麦さん「わたしはストリートチルドレンが夜中にだれもいなくなった町でサッカー大会をしていたり、結婚式《けっこんしき》を開いたりしていることに感動しました。ずっとかわいそうなイメージがあったけど、それなりに楽しいことを見つけてるんだなって思ったんです」

満君《みつるくん》「魚とりの名人の話はよかったです。ぼくのおじいさんは漁師《りょうし》なので、新鮮《しんせん》な魚がどれだけおいしいかってすごくわかるんです。だから、子どもたちが毎日新鮮な魚をとって食べてるって聞いてすごくうらやましかったなあ。ぼくも川や海にもぐって、自分で魚を何匹《なんびき》もとれるようになってみたいです」

みなさん、いろんな感想がありますね。感動したり、すごいなあって思ったり、うらやましいと思ったり。

一つ、みなさんに考えてもらいたいのが「幸せってなんだろう」ということです。

みなさんは家庭や学校の生活の中でいろんな幸せを感じるでしょう。家族で旅行へ行った時、友だちとサッカーをしている時、新しい洋服を買ってもらった時、それぞれ幸せだなって思うかもしれません。

次に、幸せの反対を考えてみましょう。「不幸《ふこう》」です。

みなさんにとって不幸とはなんでしょう。たとえば、家がまずしくて高校へ行けないとか、お風呂《ふろ》に一週間に一回しか入れないとか。あるいはお父さ

幸せってなんだろう

んがお酒を飲んで暴《あば》れるとかもあるかもしれません。

ついつい、みなさんは世の中のものごとを「幸せ」と「不幸」にわけて考えてしまいがちです。幸せな人はめぐまれていて、不幸な人はかわいそうだ、と。

たしかに、世の中には悲しい出来事はたくさんあります。まずしさによって苦しんでいる人がいたり、戦争《せんそう》にかりだされる子どもたちがいたり、災害《さいがい》によって故郷《こきょう》をはなれなければならない家族がいたりします。

この授業《じゅぎょう》でも見てきたように、そうした人たちの生活はとてもきびしいといえるでしょう。学校へ行けずに町で物ごいをするなど、日本に住んでいるみなさんには、なかなか想像《そうぞう》のできない苦労《くろう》があります。そして、それはみなさんが大人になっても、老人になっても、世界のどこかにありつづけるかもしれません。

だとしたら、不幸な人や、不幸な時は、ずっと悲しんでいなければならないのでしょうか。ずっとかわいそうだと思われつづけなければならないのでしょうか。

そうではありません。

この授業で見てきたことを、もう一度ふり返ってください。かれらの生活は、たしかにたいへんです。でも、そんな子どもたちもそうした生活の中で「幸せ」を見つけて生きています。

魚をとったり、サッカー大会をやったり、フライドチキンを発明したりしています。一つの川、一つのボール、一つの食べ残《のこ》しから幸せを見いだしているのです。

また、人びとの助け合いもあります。

病院へ行けなくても、地域《ちいき》の人たちが薬草を分け合う。道ばたでくつみがきをしていれば、町の人たちがくつをみがかせてくれる。家に何もなくても、家族でならんで横になって星をながめながら歌をうたう。

そうすることによって、生活をより豊《ゆた》かなものにしていっているのです。外国の方がいいとか、日本の方がいいというつもりはありません。くらべてもしかたのないことです。

それでも、一ついえることがあります。それは、みなさんが考えている不《ふ》幸《こう》はかならずしも不幸《ふこう》ではないということです。

不幸だと考えている生活の中にも、幸せを見つけだす方法《ほうほう》はあります。たとえば、まずしい人たちが路上で友だちを集めて結婚式《けっこんしき》をしたり。そしてその幸せは、時としてわたしたちが幸せだと思っているもの以上《いじょう》に幸せだったりするのです。

この教室にいるみなさんは、これから先、長い人生を歩んでいくでしょう。その人生の中で、みなさん自身も不幸だと思う瞬間《しゅんかん》があるかもしれません。不幸だといわれるような状況《じょうきょう》になるかもしれません。

けれど、その時は、がっかりして悲しまないでください。まずしい国の子どもたちがそうだったように、みなさんだって不幸の中に幸せを見いだすことはできます。そして、その幸せによって、それまでの何倍も楽しく生きることだってできるのです。

幸せとか、不幸というのは、決まった形があるものではありません。その人の受け止め方によって同じことでも幸せにもなれば、不幸にもなるのです。だとしたら、どんな状況の中でもいかに幸せを見つけだして生きていくか。それが、みなさんの人生をより豊かにするヒントだと思うのです。

ぼくとしては、みなさんがこの授業《じゅぎょう》で学んだことをきっかけに、自分たちの生活の中から新しい幸せを見つけだしてくれればうれしいです。

まずしい国の子どもたちがそれをできたのですから、みなさんにできないことはありません。そうやって、人生を少しでも豊かなものにしてください。

今日は長い間授業《じゅぎょう》を聞いてくださってありがとうございました。

テロリスト

（84 ページ）

殺人《さつじん》や爆弾《ばくだん》を爆発させるといった、暴力《ぼうりょく》によって自分たちの意見を主張《しゅちょう》する人びと。世界のいろいろな国や地域で争《あらそ》いを引き起こしています

ネグレクト

（104 ページ）

親が子どものめんどうをみないこと（育児放棄《ほうき》）。子どもを保護する制度が充実《じゅうじつ》していない国では、ストリートチルドレンを生む原因《げんいん》になっています。

年金・生活保護《せいかつほご》

（14 ページ）

お年寄《としよ》りに支《し》はらわれる年金、病気などで働《はたら》けない人にお金を支はらう生活保護。国が生活にこまっている人を助ける日本の制度《せいど》の一部です。

ノーベル平和賞《へいわしょう》

（89 ページ）

世界の平和や友好《ゆうこう》に大きな役割《やくわり》を果たした人や団体《だんたい》に与《あた》えられるノーベル賞の一つ。マザー・テレサやキング牧師《ぼくし》などが受賞しています。

バラック

（26 ページ）

まずしい人たちが自分で建《た》てた、せまくて簡単《かんたん》なつくりの家。国や地域に合わせて形はさまざまで、水の上に建てられたものもあります。

マラリア

（110 ページ）

アジアやアフリカなどあたたかい地方の病気で、蚊《か》に刺《さ》されることでうつります。高熱《こうねつ》を引き起こし、小さい子どもが亡くなる主な原因の一つです。

「幸せとまずしさの教室」 キーワード解説《かいせつ》

格差《かくさ》

（13 ページ）

主に、貧富《ひんぷ》の差を表すのにつかわれる言葉。海外の国では、格差が日本よりもはっきりしていて、とてもまずしい人がたくさんいます。

公用語

（106 ページ）

数種類《すうしゅるい》の言語がつかわれている国で、政府《せいふ》が公式につかっている言語。これを話せない子どもは十分な教育や保護を受けられないことがあります。

児童労働《じどうろうどう》

（67 ページ）

家族が生活してゆくために、子どもが学校に行かずに働くこと。子どもの給料《きゅうりょう》は大人より安く、危険な仕事をさせられることもあります。

少年兵《しょうねんへい》

（85 ページ）

戦争《せんそう》が行われている国で、兵士《へいし》となった子どもたち。本人の意思と関係なく、生きるためにしかたなく兵士になる場合が多くあります。

ストリートチルドレン

（104 ページ）

親や親戚《しんせき》などの保護する人がいないので、路上でくらしている子どもたち。多くの場合、同じ子どもたちとグループをつくって生活しています。

スラム

（12 ページ）

まずしい人たちだけが集まってくらしている地域《ちいき》。まずしい国の都市のそばの、危《き》険《けん》な場所やきたない場所に多く見られます。

『マララ　教育のために立ち上がり、世界を変《か》えた少女』

学校に通う権利《けんり》をうったえ、タリバンに銃撃《じゅうげき》されて重傷《じゅうしょう》を負ったマララさん。マララさんが子どもたちに向けて語りかける、心をゆさぶる手記です。

マララ・ユスフザイ、パトリシア・マコーミック 著
道傳愛子 訳／岩崎書店 刊

『このTシャツは児童労働で作られました。』

バングラデシュとノルウェー、はなれた国にくらす二人の少女は１枚《まい》のTシャツでつながっていました。児童労働について考えさせる物語です。

シモン・ストランゲル 著　枇谷玲子 訳／汐文社 刊

『そのこ』

ガーナで家族を助けるためにカカオ農場で働《はたら》く「そのこ」と日本にいる「ぼく」の日常を描《えが》いた、谷川俊太郎さんの詩が絵本になりました。

谷川俊太郎 詩、塚本やすし 絵／晶文社 刊

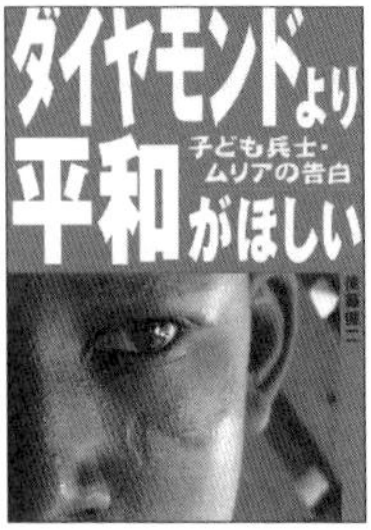

『ダイヤモンドより平和がほしい』

アフリカ・シエラレオネで、子ども兵士《へいし》として銃《じゅう》をとって生きるしかなかった少年、ムリアが持っていた夢《ゆめ》とは？

後藤健二 著／汐文社 刊

<さらに調べて考えるための本>

『みんなのチャンス』

世界を旅した石井光太さんが撮影《さつえい》した、まずしい国の子どもたちの生活を伝《つた》える写真絵本。日本の子どもたちに送る熱《あつ》いメッセージです。

石井光太 著／少年写真新聞社 刊

『おかえり、またあえたね』

スラムで生まれた男の子トトは妹をなくし、祖母《そぼ》と別《わか》れ、仲間《なかま》とともに生きぬいてゆきます。ストリートチルドレンの生活の現実《げんじつ》を伝える絵物語です。

石井光太 著　櫻井敦子 絵／東京書籍 刊

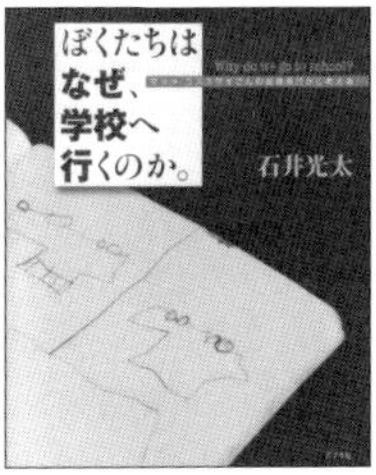

『ぼくたちは なぜ、学校に行くのか。 マララ・ユスフザイさんの国連演説《こくれんえんぜつ》から考える』

子どもはなぜ勉強しなければならないのでしょうか？　マララさんの言葉や、まずしい人びとのすがたを見て考えてみましょう。

石井光太 著／ポプラ社 刊

『世界がもし100人の村だったら　4　子ども編《へん》』

児童労働《じどうろうどう》、少子化、学校に通えない子どもたち。世界の子どもの問題を小さな村に当てはめて、わかりやすく説明《せつめい》しています。

池田香代子 編、マガジンハウス 編／
マガジンハウス 刊

著　者　石井光太《いしい こうた》

1977年東京都生まれ。大学卒業後にアジアの貧しい国々をめぐり、ドキュメンタリー『物乞う仏陀』（文春文庫）でデビュー。その後、海外の貧困から国内の災害や事件まで幅広いテーマで執筆活動を続けている。『遺体―震災、津波の果てに』（新潮文庫）はベストセラーになり、映画化されている。2014年4月よりNHKニュース番組「NEWS WEB」でネットナビゲーターを務めた。

著書：子供向けの本に『みんなのチャンス』（少年写真新聞社）、『ぼくたちはなぜ、学校へいくのか。』（ポプラ社）、『おかえり、またあえたね』（東京書籍）などがある。一般書として、「新潮文庫の100冊 2015」に選ばれた『絶対貧困』『神の棄てた裸体』（新潮文庫）をはじめ、『地を這う祈り』（新潮文庫）、『感染宣告』（講談社文庫）、『アジアにこぼれた涙』（文春文庫）、『僕らが世界に出る理由』（ちくまプリマー新書）、『世界の美しさをひとつでも多く見つけたい』（ポプラ新書）など多数。

ホームページ：http://www.kotaism.com
メールアドレス：info@kotaism.com

装丁・本文イラスト　櫻井敦子

写真提供　石井光太

幸せとまずしさの教室 ~世界の子どものくらしから~

2015年8月31日 初版第1刷発行　2016年5月20日 第2刷発行

著　者　石井 光太

発行人　松本 恒

発行所　株式会社 少年写真新聞社

〒102-8232　東京都千代田区九段南4-7-16 市ヶ谷KTビルI

Tel（03）3264-2624　Fax（03）5276-7785

http://www.schoolpress.co.jp

印刷所　図書印刷株式会社

ISBN 978-4-87981-533-0　C8095 NDC916

ちしきのもり

『みんなが知りたい 放射線の話』 谷川勝至 文

『巨大地震をほり起こす
大地の警告を読みとくぼくたちの研究』 宍倉正展 文

『知ろう！ 再生可能エネルギー』 馬上丈司 文　倉阪秀史 監修

『500円玉の旅　お金の動きがわかる本』 泉 美智子 文

『はじめまして モグラくん
なぞにつつまれた小さなほ乳類』 川田伸一郎 文

『大天狗先生の㊙妖怪学入門』 富安陽子 文

『町工場のものづくり　－生きて、働いて、考える－』
小関智弘 文

『本について授業をはじめます』 永江 朗 文

『どうしてトウモロコシにはひげがあるの？』 藤田智 文

『巨大隕石から地球を守れ』 高橋典嗣 文

『「走る」のなぞをさぐる
～高野進の走りの研究室～』 高野進 文

『日本の算数 和算って、なあに？』 小寺裕 文

『英語でわかる！ 日本・世界』 松本美江 文

以下、続刊

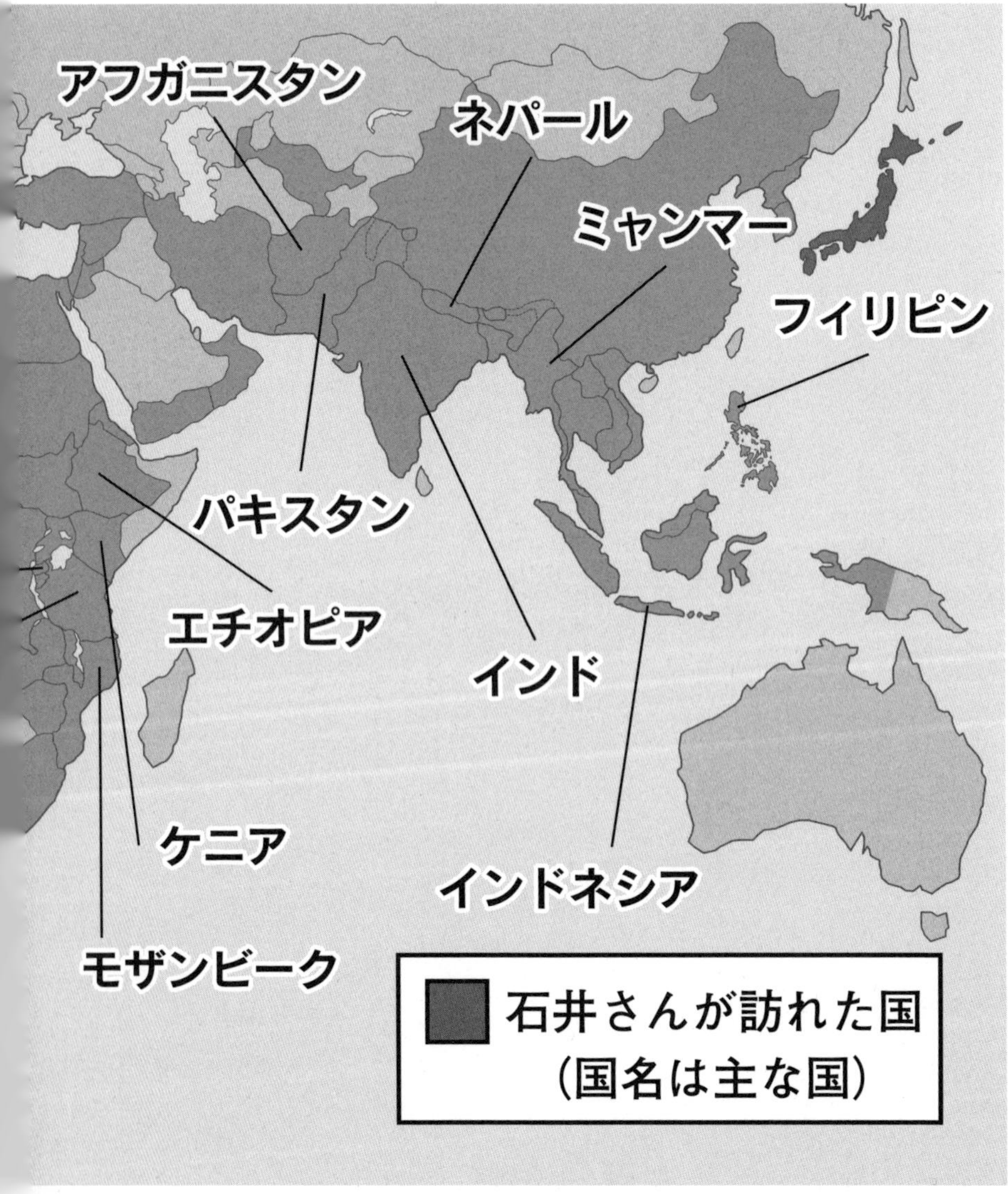
アフガニスタン
ネパール
ミャンマー
フィリピン
パキスタン
エチオピア
インド
インドネシア
ケニア
モザンビーク
石井さんが訪れた国
（国名は主な国）